逃离是
治愈的开始

如何跳出不健康的家庭模式，重建人生

[美] 雪莉·坎贝尔（SHERRIE CAMPBELL PHD）博士 / 著

陆宇辰 / 译

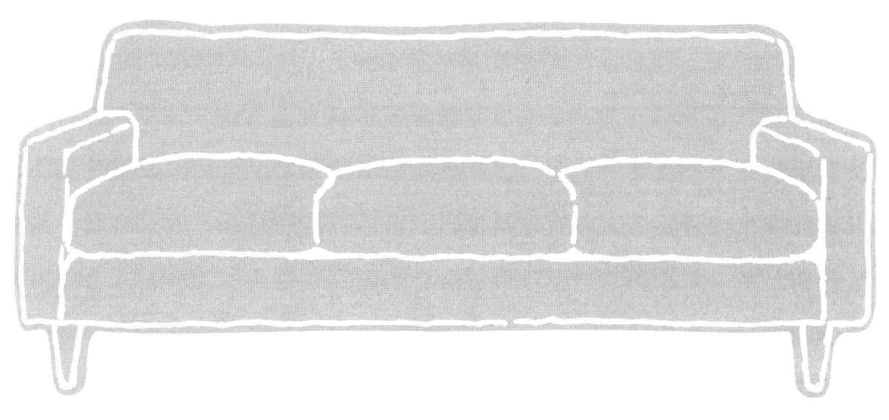

图书在版编目（CIP）数据

逃离是治愈的开始：如何跳出不健康的家庭模式，重建人生 /（美）雪莉·坎贝尔著；陆宇辰译. -- 北京：北京联合出版公司, 2024.5

ISBN 978-7-5596-7404-3

Ⅰ.①逃… Ⅱ.①雪… ②陆… Ⅲ.①家庭关系—通俗读物 Ⅳ.①C913.11-49

中国国家版本馆CIP数据核字(2024)第058136号

ADULT SURVIVORS OF TOXIC FAMILY MEMBERS: TOOLS TO MAINTAIN BOUNDARIES, DEAL WITH CRITICISM, AND HEAL FROM SHAME AFTER TIES HAVE BEEN CUT by SHERRIE CAMPBELL, PHD
Copyright: © 2022 BY SHERRIE CAMPBELL
This edition arranged with NEW HARBINGER PUBLICATIONS through BIG APPLE AGENCY, LABUAN, MALAYSIA.
Simplified Chinese edition copyright:
2024 Beijing ZhengQingYuanLiu Culture Development Co., Ltd
All rights reserved.

北京市版权局著作权合同登记 图字：01-2024-0303号

逃离是治愈的开始：如何跳出不健康的家庭模式，重建人生

著　　者：[美]雪莉·坎贝尔
译　　者：陆宇辰
出 品 人：赵红仕
责任编辑：孙志文
特约编辑：陈　静
封面设计：WONDERLAND Book design
　　　　　仙德 QQ:344581934
装帧设计：季　群　涂依一

北京联合出版公司出版
（北京市西城区德外大街83号楼9层　100088）
北京联合天畅文化传播公司发行
北京中科印刷有限公司印刷　新华书店经销
字数180千字　640毫米×960毫米　1/16　16.5印张
2024年5月第1版　2024年5月第1次印刷
ISBN 978-7-5596-7404-3
定价：49.80元

版权所有，侵权必究
未经书面许可，不得以任何方式转载、复制、翻印本书部分或全部内容。
本书若有质量问题，请与本公司图书销售中心联系调换。电话：（010）64258472-800

· 中文版序 ·

你无法选择家人,但可以选择人生

  尽管人们对家抱有种种美好期许,但是对于相当数量的人而言,家带给自己的只有苦涩。在这些家中,"爱"不是家庭运作的底色,愤怒、轻视、嘲讽和操控反而成了主旋律。

  或许你就不幸身处这样的家庭,一路走来饱尝艰辛,每天只有拼命顺从和讨好,才能换来一丝安宁,一旦反抗,就会遭遇残酷的惩罚。而且,长大后的你惊恐地发现,经济独立、步入婚姻或生儿育女等重要节点都无法彻底解救你,病态家庭依然会向你输出伤害,妄图继续控制你的人生。

  这样的家庭无异于噩梦,但不是所有人都能从梦中醒来。雪莉·坎贝尔博士是一位经验丰富的心理学家,尤其擅长家庭关系领域。她所接触的患者中,不乏深受家庭所害却并不自知的人,比如有一位女士,在兄弟姐妹相继绝望自杀后,还认定自己的妈妈对孩子们充满爱,而悲剧的根源在于孩子们自己不够好。现实中,我们也会见到这样沉睡的人,他们或是不愿承

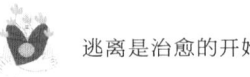

认自己的家庭是不健康的，或是认定自己绝对无法逃离。而结果就是，他们不仅要长年承受家庭的伤害，还会在爱情、友情等其他关系中步履维艰，只因他们不能摆脱家庭的控制，所以一直没有习得如何接受爱，以及怎样给予爱。更糟糕的是，这一恶性循环还会延续到他们的子女身上，孩子们会将伤害视为爱的表现形式，允许别人这样对待自己，也理所当然地这样对待别人。

与之相反的，是病态家庭的觉醒者。无论是长年累积的不满已到极限，还是因为某个契机豁然醒悟，他们都发现了身处的家庭模式是错误的，这样的生活并非自己所愿，理应尽快逃离。但正如大梦醒来后总要发一阵蒙，生命的醒悟也难免会引发震惊、困惑与挣扎。"是我做得不够好吗？""我究竟该怎么做？""我真的能逃离不健康的家庭吗？"觉醒者在做出最终决定前，内心常会重复这些疑问。

而本书，就是要为勇敢的觉醒者们解答所有疑惑，并照亮他们脚下之路。

如果你也是觉醒者之一，你将从本书中获得以下帮助：

首先，是拥有对现实的接纳能力。从小到大，你肯定无数次憧憬拥有和睦的家庭，为此你也一定做过多番努力。但很遗憾，你那些恶毒的家人确实不爱你，他们只爱他们自己，无论你是声泪俱下地控诉，还是想用爱去软化，都是徒劳的。通过本书，你将学会如何面对残酷的现实，抛弃内心幻想，停止无意义的迎合与忍让，转而关怀自己。

除了看清现实，你还能从书中学到十分具体的逃离方法。逃离并不单纯是物理上拉开距离，更是在心理上做到阻断，一个最有效的方式就是设立边界，与伤害你的家人断绝联系。在很多人的概念里，"与家人断绝联系"是件不可想象的事，而在书中，雪莉·坎贝尔颠覆性地提出了断联的必要性，这是你通往自由的必经之路，并且，她还提供了设立边界的几个关键要素，让你可以真正为自己提供保护。

但仅仅逃离还是不够的。本书将给予你第三重帮助，即如何面对逃离后旁人的非议、自己内心可能出现的内疚，以及家庭施加的种种阻挠。雪莉·坎贝尔本身就成长于一个病态模式的家庭中，这段经历让她格外熟知逃离后可能遭遇的一切，包括经济封锁、假意示好、舆论压力等常见的控制手段，因此，她也在书中给了觉醒者们以最实际的指导，解除所有后顾之忧。

即使在不同的文化中，家庭带来的伤害也都是个沉重的话题，很多人虽然已经觉醒，但因为不敢痛下决心，斩断那份血脉羁绊，于是一生被其囚禁。在这一刻，以这本书作为开端，无论曾经困住你的原因是什么，你都可以安心地放下顾忌，突破内在与外在的双重桎梏，真正为自己而活。请记住，忍耐从来不是唯一选项，逃离也不是为了挑起争端，而恰恰是为了与自己和解。从你逃离的那一刻起，你正式开始了生命中最重要的自我治愈。

这治愈并非终点，自此，你学会了识别并切断所有病态关

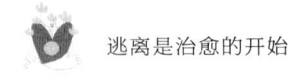

系，并不断赋予自己所有应得但缺失的爱与关怀。你确实无法选择家人，但是，你永远有权选择人生。

愿将本书送给每一个勇敢的觉醒者。送给每一个在过去被谩骂过、羞辱过、轻视过的你和每一个在未来将被尊重着、爱护着、赞美着的你。

·目录·

前 言 001
自 序 设立界限：你必须做的事 004

PART 1 第一部分 全然接纳自己的决定

第1章 切断联系是一种自我保护 002
第2章 为什么在逃离后会感到痛苦 013
第3章 建立边界是生命中的大事 024
第4章 对悲伤的迫切需求 038
第5章 逃离带来的社交失落感 049

PART 2 第二部分 逃离，是治愈的开始

第6章 关于自我怀疑和"我不配" 070
第7章 有毒的羞耻感从何而来 089
第8章 抛开有毒的羞耻感 106
第9章 如何应对逃离后的孤独 137
第10章 打破限制，习得未来所需的能力 149

第11章 同理心和自我爱护：从表达自己到爱自己　162
第12章 学会脆弱，才能拥有深刻持久的关系　176

PART 3 第三部分 实用的善后方法

第13章 提防家人们的"怀恨在心"　186
第14章 如何处理二次虐待　190
第15章 分离后的虐待　207
第16章 保护与无毒家庭成员的关系　217
第17章 自立带来自由　228

致　谢　242

·前言·

在心理治疗中有个普遍的现象：很多严重的心理问题，大多起因于来访者的心理边界被父母、伴侣或其他家庭成员肆意侵犯，从而产生极大的精神痛苦。这种痛苦，通常是强烈而失调的，具体体现为心理上的绝望、抑郁、持续担忧或焦虑。如果你也是其中受伤害的一员，就会发现自己为了求得生存，不得已陷入了自我怀疑与自我牺牲的模式——你会放弃自己的需求，抑制自己的快乐，失去对自我主张的坚定控制，你的自信心在不断削弱，并且一再违背自己内心最真实的声音。

作为一名研究自恋心理的专家，我常会遇到一些人，他们困扰于伴侣或家人的虐待、忽视、压制、操纵、漠视、控制和蔑视，并长期饱受折磨。当一个人生活在这样的家庭中，当本不该被触碰的边界屡遭侵犯，无形中也按下了他们困难生存模式的开关。他们会不惜一切地表达忠诚，会背负起旁人不切实际的期望和责任，会故意自毁或自我克制，会表现出强烈的愤怒或对情绪强烈的抑制。这些不良模式形成于儿童核心意志发展的早期——当情感需求得不到充分满足时，有害的经历就构建出了儿童自我概念（连同生理习性与性格构成）的框架——形成了对熟悉的、来自家庭威胁的自动反应。

也正因此，我非常欣喜于我的同事雪莉·坎贝尔博士写出了这本不同寻常的书。在书中，她的主张清晰、有力、富有创见性，这是她的职业经验与亲身经历带来的双重智慧。雪莉让我们看到了她本人生活中的挑战，其中既有痛苦的挣扎，也有坚定的力量，同时，她还分享了一些大胆而必要的策略，有了这些策略，就可以健康地校准内心的思维模式。雪莉提醒我们，不存在完美的家庭，那些让人痛苦的家庭问题，很可能在发生很长时间后还阴魂不散。她告诉我们，虽然冲突和分歧是人类互动的一部分，但我们必须对可谈判的冲突和有毒关系进行区分，为了情感健康和幸福，必须对后者设定界限。

这本书对于设定界限很有帮助：它教我们重新思考与有毒家庭成员的接触频率和程度。雪莉道破了很多人遭遇的最激烈的矛盾，以及他们所忍受的最痛苦的秘密，她邀请你打开一扇门，进入一个新的世界。在这个世界里，你的伤痛会得到接纳与善待；在这个世界里，你不必一直"寻找丢失的心"，终于可以"握住笔杆，书写自己的人生"。

多年来，雪莉一直以专家、顾问和心理治疗师的身份从事临床实践，并著有几本心血之作。在本书中，她给出了很多非常实用的指南，它不仅会让很多人产生共鸣，还会为那些长期铭刻在你记忆里的创伤提供有效的治疗。这些治疗策略，可以将破坏性的生活模式转变为健康、可持续的生活模式。

如果你正在应对有毒家庭带来的一系列挑战，或者正在处理一段有毒关系带来的余波，那么，我极力推荐你阅读这本书。书中的内容定会让你有醍醐灌顶之感，并释放你的情感，让你恢复活力，重获人生的掌控权。

——国际畅销书《关系陷阱：如何与自恋的人相处》作者
温迪·T. 巴哈利（Wendy T. Behary）

· 自 序 ·

设立界限：你必须做的事

决定逃离不健康的家庭，并与那些有毒的家人切断联系，是你建立心理界限的起点。长期以来，由于界限模糊不清，你的边界屡屡被侵犯，自我遭到压抑，痛苦不堪。界限将为你提供身体、思想和精神上的保护。一旦你设定了"禁止接触"的界限或类似的东西，你首先要做的事，就是相信与对方分开会对自己更好。

"禁止接触"是指禁止某个人或某个团体以任何或直接或间接的形式接触你——无论肢体、语言还是文字层面上。做出这个决定时，你必须坚信，选择在没有家人的状态下生活不仅意味着你会"好起来"，而且随着时间推移会"好上加好"。我向你保证，在此前提下，你绝对有机会过上健康快乐的生活。

本书中，我将帮助你设定和维持"禁止接触"的界限，它可以为你带来一生所需的情感和精神安全。这些界限可以帮你达到长久以来期望的状态，即把你从家庭的重压中解脱出来。

并且，这些边界十分强大，足以助你抵御伤害，摆脱有毒家庭系统持续不断的虐待、挑剔，以及他们的做作表演和操控游戏，让你过上自由自在的生活。

有经验表明，当我们切断与不健康家庭的联系后，难免会面临情感上的矛盾。一方面，我们获得了完全的解放，我们终于可以为自己站脚助威，捍卫自己被爱的权利，我们大可以为之自豪；另一方面，当我们独自前行时，会时不时被某种自我怀疑和有毒的羞耻感所困扰，怀疑自己是否犯下了弥天大错。

为什么会如此？因为那毕竟是我们的家，谁不想生活在充满爱的家庭中呢？

不幸的是，有毒的家庭里通常只允许一种模式存在，施加心理虐待的家庭成员们拒绝接受自身之外的其他模式，因此，有毒家庭的秩序体系难以改变，也不接受不同的想法。而对我们这些幸存者来说，容忍他们的模式，就等于默许他们的恶行。这种默许直接违背了个性的健康发展，违背了自由、爱与幸福，而这些都是我们有权去追求并获得的。

有毒家庭很大程度上受群体思维模式的驱动，在这种模式下，每一项决策都强烈地阻碍着个体家庭成员的创造力、独立性或个人责任感。有毒的家庭秩序体系之所以有效，就是因为它人多势众。当你还是个懵懂的小孩时，面对这种人数占优的恐吓手段，自然会觉得它很有震慑力。而你从小就是被用这种恐吓方式驯养长大的。

身为医生、研究者、学习者和治疗者，我认为上述这样的家庭体系，是不可能让任何人走上真正了解、创造和拥抱自己的道路的。或许对现在的你而言，自我价值已经成了一个难以企及的概念。你过去一直渴望体验和发现自己，却无法实现，你的家庭体系没有给你提供任何获得独立的途径，他们不会让你逃脱他们的掌控。

在我努力摆脱施虐家庭、治愈自己的过程中，我发现我所获得的各种指导都不建议我切断与家庭的联系。其中大部分信息都是教我了解"有毒"的含义，有毒人群的不同类型，有毒的家庭成员对我们的不同影响，以及这种有毒的体系是如何影响我们的社会的。虽然阅读和研究这些信息确实对我的成长颇有意义，但它们并没有为我带来那种能让我完全、充分照顾自己的权利。没有人能回答从小盘旋在我心中的疑问，很多文献还告诉我们，在某种程度上，与家庭保持联系正是解除痛苦不可缺少的一部分。

可是，我真切地知道，如果我继续容忍任何程度的虐待，我就会继续遭到虐待。虽然对一些人来说，与施加心理虐待的家庭保持联系是可能的，但我们中的绝大多数人都很清楚，正是这种联系阻碍了我们的成长和健康。

保持联系，就意味着我们要继续活在自我封闭、恐惧、饱受虐待和不公的状态中。这样怎么可能对我们有好处？我这样生活了很多年，这些经历并不能帮助我治愈和应对困境。也许你也像曾经的我一样，认为自己需要与有毒家庭保留一些联系，并相信只有这样自己才算是个无争议的"好人"。然而，当了"好人"的你并不是真实的你,而且这一身份对你有害无益。做个"好人"意味着你要与他们保持亲密,那就必然要继续受其虐待。

由于对断联后的自己和生活感到不确定,我们可能需要数年的时间才能切断联系。未来总是令人忐忑的,尤其在自己孑然一身的时候。对我而言,我需要有人真正理解我的痛苦、我内心的冲突和我的恐惧,我也希望看到像我一样的人在与家人切断联系时是什么感受,他们又面临哪些挑战或冲突,只有这样,我才能勇敢地迈向自我疗愈之旅。

而这也是我将自己的故事写进这本书的原因——那些经历既让我解脱,也引发过我的恐惧。在切断联系后的治愈之旅中,我感觉自己像一个孤身的开拓者,只能摸着石头过河。现在,我已经知道这条路该怎么走,因此,我可以为你们提供一些有价值的东西。

我坚信,只要我们还在容忍虐待,便无法痊愈。于是,包括我的很多人都选择了与原生家庭切断联系,在我 2019 年所写的《但这是你的家庭:切断与有毒家庭成员的联系,然后爱自己》(*But It's Your Family…:Cutting Ties With Toxic Family Members and Loving Yourself in the Aftermath*)中也分析了这一点。我谈到了断联后的余波,当人们听到"断绝来往"或"不联系"这些字眼时,可能会自然地认为决定断联的人残忍且不可理喻,会认为这是一群愤怒、苦闷、不成熟、记仇、矫情的人。但事实并非如此,切断联系与以上这些词毫无关系,仅仅是为了照料好自己。

我大写特写这个话题，也不是为了拆散家庭，况且，一个已经有毒并支离破碎的家庭又何谈破坏？我的目的是让人们了解这个重要的命题，并提供健康、实用的自我治愈途径。在我看来，切断联系在很大程度上能让家庭虐待"到我为止"，并为后代营造出和睦、充满真挚爱意的家庭氛围。

在与有毒的家庭成员切断联系后，生活会变得明晰，充满希望，但机遇也往往伴随挑战。你在年幼时就被动养成了不相信自己的习惯，作为一名有毒家庭的幸存者，缺乏自信让你无法采取必要的措施保护自己。当你不断怀疑自己是否做出了正确的决定时，当社会不理解你与家人断联的决定时，当人们对你发出不公的评价时，自信的缺失更会促成一道缓慢渗血的伤口。因为没有安全感，你可能会质疑自己是否对界限太过敏感或苛刻，这种感受并不奇怪，而想要过上充实、快乐并充满爱的生活，消除这种自我怀疑是至关重要的。在本书中，你有机会去理解自己所有的困惑、内疚、焦虑、孤独和悲伤，书中提供的所有技巧都能帮你设立新的界限，并获取新的思维方式。

当你切断与有毒家庭成员的联系时，你就会有充分的时间和空间，让你不受干扰地修复自己的核心创伤，并开始真正实现深层次恢复，这也是你送给自己的最好礼物。你的核心需求是与生俱来的，必须得到满足。对一个孩子来说，核心需求包括但不限于获得足够的时间、爱和关注，以及满足自己被倾听、被认可和被理解的需求。在这些核心需求得到满足之前，人是无法通过任何外在关系来治愈或满足自己的。有些研究天真地建议我们在原生家庭之外寻求其他关系，以弥补或满足我们对爱、接纳和情感的基本需求。尽管其他感情关系对我们的人生幸福来说也是很重要的，但将来自原生家庭的忽视转嫁给他人不仅是不恰当、不明智的，而且也根本无法让我们得到满足。这类说辞传递出一种不幸的信息——其他人可以治愈我们的创伤，满足我们的核心需求——而从实际上来说，我们需要的是学会治愈并满足自己。

治愈的源头，是我们能对过去的经历及其对自己的影响进行客观细致的审视。作为一个成年人，你要做的最重要的事，是重新找回自己的生活。我唯一的，或者说真正发自内心的意图，便是帮助你保持对疗愈的欲望。我将分享一些我与其他人在做出决定后的遭遇，并为你画出一张路线图，指明如何坚持照顾自己，不重蹈覆辙。而在你的康复过程中，那个伤害了你的家庭不需要扮演任何角色，一切疗愈都是你通过自己的努力争取到的。

为了使疗愈更有效果，我希望并允许你做以下事情：

你有权终止与有毒家庭成员的关系；

你有权和一直以来伤害你幸福感的任何人断绝往来；

你有权生气，有权不轻易原谅，有权照顾自己并关注自己的需求；

你有权选择任何方式生活，而不必向任何人解释你的决定。

第一部分 01

全然接纳自己的决定

第1章

切断联系是一种自我保护

这是你必须做出的决定

我们为什么要逃离家庭，以此切断和有毒家人的联系？

答案很简单：为了保护和解放自己。

对于很多人来说，这是个艰难的决定，因为担心会伤害到自己的家人，或者让他们生气。但我要告诉你的是，你做出这样的决定，并不意味着你对家人做了什么不好的事，正相反，你是在为自己做一件必要的事，只有这样做，你才能获得解放。当然，解放的过程不会像童话那样美好，它不可避免地有着丑陋和痛苦的一面，所以你更要时刻牢记——你这样做是为了照顾自己，也只有你，才能给自己有效的保护。

我们要逃离的也许是父母，是兄弟姐妹，是已经成年的子女，或者是其他亲人。之所以决定和他们切断联系，原因基本

第一部分 全然接纳自己的决定

相同，是要在你与这些有毒的家人之间建立一道隔离墙，避免再遭受如下伤害——

- 情感上的虐待和操纵，包括篡改事实、煤气灯操纵、撒谎、诽谤、心理投射、三角关系、歪曲事实、指责、羞辱、排斥孤立、强加罪责、小题大做、爱意轰炸、情感回吸、监视、侵犯、控制或异常热衷于争论。
- 经济虐待。
- 身体虐待。
- 性虐待。
- 成瘾和疏于照顾。
- 冲突或对立的价值观。
- 界限不清。
- 一贯缺乏尊重。
- 不忠诚，也不诚实。
- 拉帮结派，比如唆使整个家庭集体孤立某个成员。
- 散播流言蜚语。

以上与家人断绝来往的原因，解释了你"为什么"必须这样做，希望这些理由能让你感到一些被理解的安慰，同时也让你知道自己并不孤单。知道"为什么"通常比知道"怎么做"更容易让人接受，毕竟"怎么做"意味着要采取行动，而在情绪化的状态下，人对于行动会不可避免地产生恐惧和焦虑。

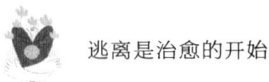

那么，我们应该怎么做，才能让有毒的家人知道自己要切断关系呢？你可以采取以下方法：

- 进行一次谈话。
- 写一封信，详细说明你的决定。
- 不加解释，直接离开。
- 不再联系。拉黑、删除对方所有联系方式。

你可以给自己一点时间，考虑如何以最简单的、对自己伤害最小的方式切断联系——虽然这样做不一定能杜绝冲突，但可以朝着这个方向努力。写下你为保护自己准备采取的措施，可以写得具体一些，比如：你在保护自己免受什么样的伤害？你想把什么样的行为赶出你的生活？从本质上说，你是在列出自己如何从"断绝"中获益。

在阅读本书的全过程中，你都要牢记自己给出的这些答案，以此帮你下定决心消除家庭带来的负面影响。

自我治愈 Tip

不存在完美的切断联系的方法。关键在于，如果你真的需要切断，那你就必须这么做。

有毒人群的定义性特征

想要更全面地了解家庭成员，就需要先学会甄别一个人是否具有"有毒"的特性。

比起《精神障碍诊断与统计手册（第5版）》（DSM-5）中学术性的描述或诊断，我更喜欢用"有毒"这个词来总结这类人。有毒的人会表现出《精神障碍诊断与统计手册（第5版）》中不同B类人格障碍者所具有的特征。你可以通过识别有毒家庭成员的特性，更深入地了解你正在与什么样的人、什么样的事打交道。这些特征足以证明你的家庭成员确实有毒，而并非你过分敏感或想象力丰富，尽管他们很希望你这么以为。以下就是有毒家庭成员会显露的特征，他们每个人都可能符合以下中的几条：

- 必须做众人关注的焦点，否则就会不舒服。
- 情绪总是迅速转换。
- 举止夸张。
- 过度关注外表。
- 不断寻求保证或认可。
- 对批评或异议过分敏感。
- 对挫折的容忍度低。
- 易做出草率的决定。

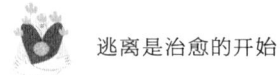

- 难以维持人际关系，经常显得虚伪或肤浅。
- 威胁或企图以自杀博得关注。
- 夸大自己的成就和才能。
- 认为自己比他人更优秀。
- 在谈话中滔滔不绝地单方面输出。
- 期望得到特别的恩惠，期望别人对自己的意愿能无条件服从。
- 利用他人。
- 嫉妒和贬低他人。
- 举止傲慢自大。
- 要求特殊待遇。
- 难以调控自己的情绪和行为。
- 无法应对压力，不能适应变化，或两者兼而有之。
- 尖酸刻薄。
- 通过消极和无助的表现来逃避成年人的责任。
- 极度害怕被抛弃。
- 悲观或消极的人生观。
- 难以独处。
- 不在乎是非对错。
- 通过不断欺骗，达到压榨他人的目的。
- 冷酷无情，仇视世界，不尊重他人。
- 利用个人魅力或智慧操纵他人，以获取利益和快感。
- 极端固执己见。

- 反复出现涉及法律的问题，甚至犯罪。
- 通过恐吓和欺骗不断侵犯他人权益。
- 缺乏对他人的同情心，对伤害他人的行为缺乏悔意。
- 不考虑行为的负面后果，更不从中吸取教训。

这份清单，将帮你进一步认可自己断联的决定，或者能够更有勇气做出这个决定。这份清单证实了你所经历的虐待和操纵都是真的。

区分"有性格缺陷"和"有毒"

没有人是完美的，每个人都会在某些时刻表现出有毒的特质，或做出有毒的行为。在这个部分，我的重点分析对象是父母，但其中的道理适用于所有家庭成员。

我们首先要知道的是，生活是艰难的，任何父母都会不经意地给孩子带来痛苦，即使心理最健康的父母，也不可能在孩子每一个需要他们的时刻都提供充分的情感支持。如果你也为人父母，一定也有让自己深感后悔的育儿时刻，然而，正常的育儿失误并不意味着你是"有毒"的。

这些不怎么尽如人意的时刻，是我们身为人类的正常现象。不同的是，作为一名内心健康的抚养者，当你伤害到孩子时，你会感到很不舒服。你本能的内疚和自责会促使你去修复伤害，而不是为了消解自己的羞耻感，把责任推到孩子身上。

但有毒的家庭成员会这样做。他们发现，把别人视为导致自己倒霉的元凶，是件容易接受的事，也更能让脆弱的自己安心。有毒的父母会扭曲你纯真的认知，让你以为是因为自己不够好或者要得太多了，才导致他们出现失误。在此影响下，你作为孩子，无法相信父母也会犯错，反而会不知不觉地吸收并认同那些强加于自己身上的耻辱，即便那些问题根本不是你造成的。在每个具有羞辱性质的家庭事件中，你身为孩子，渐渐相信了"都是我自己不好"。

随着时间的推移，你、我以及许多从有毒家庭走出的幸存者，不得不面对一个残酷的现实：我们的家人过去没有、现在也不会真正爱我们。这不是因为我们身为他们的孩子或与之有其他亲缘关系有什么问题，而是因为他们根本不珍惜爱——有毒的家庭成员，最看重的是权力。

就我的经历而言，我的母亲一直在假装爱我，而我也一直觉得她之所以给予我爱，是因为她不得不爱我。她爱我，是因为爱我是一种义务。我知道这并非我的幻觉，我一直能清晰地感觉到她对我的蔑视，也看到了她对我和其他家庭成员的区别对待。当然，我也获得过她断断续续的善意和关注（这是有效操纵的必要条件），这一度让我上了钩，误以为她爱我，但在内心深处，我一直感知到这份爱不是真的。而这些线索，我都能从她的表情上看到，从她的肢体语言中感受到，从她的口吻中听到。当有人真心爱你时，你的直觉会对你发出信号，我的母亲并没能给我这种感觉。

如何判断家人究竟是"有性格缺陷"还是"有毒"？关键在于，要给自己一些时间仔细思索，回忆自己是否真正感受过来自家庭成员的爱。

练习题：仔细想想，当你感觉不到家人的爱时，你的内心感受是什么？你又是如何内化这种感受的？如果你的家人本应自然地给予你爱，但他们无论是过去还是现在都没有给过你，我相信，你从灵魂深处一定能觉察到，并且做出选择，保护自己免于继续受他们的虐待。

这种对有毒亲人的觉察，存在着艰难的部分：当你不知道有很多人做过同样的事情时，承认自己的亲人有毒并切断联系，对你而言是个很可怕的决定。你没有范例或方案可供参考，也没有任何正面或负面的结果可供观察。所以，在做出足以改变人生的决定前，了解大概有多少人做过同样的事情是非常重要的。下一部分，我们将为你展示这方面的统计数据。

自我治愈 Tip

在切断联系的过程中，我们会改变，我们也会痊愈，我们会变得更健康。而我们那些有毒的亲人不会。

你以为的个例，早已是普遍现象

对许多人来说，家庭成员的破坏性是巨大的，施加的心理虐待也难以承受，因此，他们根本无法在维持亲情的同时兼顾健康。2015年，美国的一项研究报告称，超过40%的人在生活中一度经历了与家人的疏远，虽然这种疏远往往出现在多代同堂的大家庭中，但在亲密的直系亲属中也不鲜见。据统计，有10%的母亲目前正与至少一名成年子女疏远失和。

《治愈自恋者的成年子女》（*Healing the Adult Children of Narcissists*）的作者沙希达·阿拉比（Shahida Arabi）对700名参与者进行了一项研究，在这些参与者中：

- 36%的人有自恋的母亲；
- 22%的人有自恋的父亲；
- 14%的人双亲全都有毒；
- 86%的人其父母亲中至少有一人长期缺乏同理心；
- 84%的人其父母亲中至少有一人表现出以自我为中心；
- 76%的人其父母亲中至少有一人有极端的权力欲；
- 74%的人其父母亲中至少有一人对批评和怠慢会表现出过度愤怒。

英国剑桥大学家庭研究中心和慈善组织Stand Alone合办的"隐藏的声音：成年后的家庭疏离"研究项目，共有800余名受访者参加。受访者中包括与子女关系疏远的父母，以及与父母关系疏远的子女，从而从两个不同的角度揭示了代际疏离问题。这项目的研究报告指出：

- 在与父母关系疏远的成年子女中,超过50%的人表示是自己主动断绝了联系。
- 只有5%~6%的父母称自己是切断联系的人。
- 在与父母疏远的成年子女中,79%的人对于与母亲建立和谐正常的关系不抱希望,71%的人表示自己再也无法与父亲建立和谐正常的关系。

当被问及想从父母那里得到什么时,这些成年子女称:"想要更亲密、更积极、更有爱的关系。"此外,他们还希望母亲能少一些批评与评判,并能承认曾对他们做出过伤害性的行为。这些成年子女也希望父亲能多关心他们的生活,能为他们站出来撑腰,比如反对其他家庭成员,包括他们的母亲。

对于这些受访者的想法和感受,你或许也心有戚戚。而我希望的是,当你得知超过50%的人都曾在某些时刻选择与家庭疏远时,你会更加清楚自己所做决定背后的原因。你或许会奇怪:为什么自己以前不知道有那么多人都切断了与家庭的联系?事实上,大部分人没有说出来,是因为他们被公开或隐秘地操纵着不去分享家庭的秘密。

与家庭的疏离,就像流行病般无声蔓延。有毒家庭幸存者选择对自己的痛苦保持缄默,更让你对脱离家人后的生活知之甚少。同时,由于人们很少谈论家庭关系疏远的话题,你自然也很容易对其产生误解。幸存者们之所以不愿公开谈论这种疏

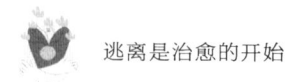

远，是因为他们担心这是件丢脸的事情，或者担心这会让自己听起来很残忍，还有一些人宁愿将家庭问题严格保密，以免受到不必要的羞辱或评判。

我写这本书的目的，是要以自己身为有毒家庭幸存者的个人经历，以及我接触的众多患者和社交媒体上粉丝的真实故事，加上我作为本领域权威专家的丰富知识，帮助那些被困于相同问题中的人过上有深刻意义、有目标的生活。我希望能将你从羞耻和困惑的黑暗中带到阳光之下，希望和你进行对话、检验、授予权限、验证确认并治愈。我知道，你拥有化腐朽为神奇的能力，你能将原本想要伤害你的东西变得令人赞叹、影响深远。

要做到这一点，你必须先学会为自己已经做出的决定而自豪，或是为你能够做出的决定而自豪。这些决定关乎你所建立或需要建立的防护措施，它们可以保护你免受家庭成员对你身心健康和幸福生活造成的损害。无论你与家人在未来会面临什么，你都要以你所做的决定为荣，正是这些决定帮你掌控了自己的生活。

第2章

为什么在逃离后会感到痛苦

必须声明的是，在切断联系之后，你会感到痛苦。

这痛苦并不是因为你想要与家人联系而不得，而是因为你很难想象你的那些亲人——尤其是父母、祖父母、兄弟姐妹、成年的子女——他们竟然会不愿见自己的孩子、孙子孙女、兄弟姐妹和父母。你那些有毒的家庭成员宁愿再也见不到你或你的孩子，也不愿在你起身反抗时向你道一句歉，这是多么荒诞！这种难以置信的感受足以让你停下脚步，然后，你就会意识到他们一直毫无悔意，于是你愤懑不已，如鲠在喉。

在我与有毒家庭成员切断联系之前，我从未想过，现实生活里有那么多事情需要我去学习。我到现在一直都在学习，并且希望你们知道——在"获得自由的喜悦"和"做出决定后随之而来的怀疑"之间摇摆不定是正常的。迪士尼有一部电影《魔发奇缘》，里面就将这种内心冲突表现得淋漓尽致。

当长发公主逃出"妈妈"为她建造的高塔时，她轻快地滑向曾经遥不可及的地面,就在即将落地时,片刻的恐惧使她停了下来。长发公主慢慢地、小心翼翼地用脚趾碰了碰草地,确认是否安全。发现没有危险后,她跳进了草丛,高兴地唱起歌来,惊喜地叫道:"我不敢相信我真的出来了!"她张开双臂,雀跃欢呼,眺望着全新的广阔天地——充满自由,没有阻碍,没有禁锢,也没有压迫感。

然而就在下一刻,她像被人打了一拳似的弯下了腰,紧紧搂着自己的胳膊,来回摇晃着身体,忐忑地担心母亲会有什么反应。不过,很快长发公主又奔跑起来,大叫着:"这里太好玩了!"她愉快地踢起一堆落叶,叶子四处飞散。接下来,她的情绪可谓瞬息万变,她趴在一根树枝上,喃喃自语:"我可真是个坏女儿,我得回去了。"一秒钟后,她又开心地叫着自己"再也不会回去了"。转瞬间,她绝望地把脸埋在地上,觉得自己卑鄙极了。下个刹那,她兴高采烈地用长发荡起秋千,对着眼前的万物歌唱。但那兴奋劲儿很快就结束了,她再次崩溃,双手捂住脸哭起来,觉得自己欺骗了妈妈。

长发公主情绪上的种种变化,真实地反映出了很多人内心的冲突感,这是一种"被卡在中间"的兴奋与自我怀疑,而很多人第一次出现这种感觉,就是在下定决心逃离有毒家人,切断与对方的联系时。我们为自己重获自由而激动,但也担心自己会"背叛"家人以及他们为我们营造的情感囚禁体系,于是既满怀期待,又感到内疚,还会怀疑自己的决定。冷静下来想想,这是多么讽刺的事啊——逃离一直虐待我,并且已经背叛了我的东西，也称得上背叛吗？我能背叛得了背叛本身吗？我认为不能。

我们可以把这种冲突理解为斯德哥尔摩综合征，即：被俘者对囚禁他们的人产生了信任或好感。对于有毒家庭的幸存者来说，我们在面对那些与自己紧密相连的人时，会忍不住想逃避，同时又想对他们尊重深爱。而我们的家人，又一次次用事实加剧了我们的这种感觉。

与长发公主一样，在从家庭环境的毒害中解脱出来后，你会发现你的信心出现了波动。首先，在内心深处，你害怕自己真的是家人口中的那个"可怕、卑鄙的人"；第二，你可能害怕因为怀疑或否定了你的家庭，而受到某种类似因果报应的惩罚。但是，就如长发公主必须"背叛"她的"母亲"才能获得自由、发现自己一样，我们也必须离开有毒的家人才能治愈自己，拥有前所未有的内在力量。

随着时间推移，我、我的病人以及其他幸存者都会不可避免地面对许多新问题，但我们生活得越来越好。你会发现，疏远在心理上对你施虐的家庭成员，并不意味着你不再渴望拥有一个家庭——一个你理想中的家庭。

曾经，这样的信息在你心中根深蒂固：家庭应该带给你安全感、保障感和归属感，这些是在其他任何地方或其他关系中都无法完全复制的；家庭关系对每个人来说都非常重要，远离家庭会很容易让人感到不安与动荡；虽然你的家庭环境并不安全，但它仍然是你基本的、必不可少且重要的归属。

正因为我们从小都秉承着以上观点，所以，就更需要我们学会面对与家庭断联后的未知。要适应如此重大的变化需要时间。在某些日子里，你会经常想到你的家人，而有些时候，你也许根本就不会想到他们，这些都很正常。因为你和这些人长久地捆绑在一起（无论是与生俱来还是后天培养的），所以你和他们的关系在情感上、心理上和精神上都会在你的心中泛起波澜，即使是在你沉默的状态下。

有时候，你必须放下让你痛苦的东西，即便放手本身让你痛苦不堪。

断联后的寂静

切断联系后，最好的体验便是沉默——尽管对某些人来说，这可能是最糟糕的部分。原本应该充满家庭情感交流的空间，如今寂静无声，这难免给人一种怪异的感觉。然而，当你弄明白一点，整件事就说得通了：对你的家人而言，你针对他们的虐待而给出的沉默，并不是一个值得在你们之间探讨的议题，只是你自己的问题。并且，他们把你的沉默视为一种挑战，暗暗发誓要比你更加沉默。

对我来说，断联后的沉默让我松了一口气。像许多幸存者一样，我没有任何想要拿起电话的欲望，也不想去见我的家人。以往太多的教训告诉我，如果像过去那样选择"回头"，只会让我遭受更深的虐待。我学会了接受与家人之间保持距离，并在断联中获得安全感。不可否认的是，在某些时候，这种沉寂依然是可怕而痛苦的。如果你也有同样的感受，那你并不是孤身一人。

我的病人吉娜的情况便是这样，当节庆日或吉娜的女儿过生日时，吉娜的姐姐会给小姑娘送上礼物，但从不理会吉娜，这会触发吉娜强烈的情绪。从表面上看，吉娜似乎很矫情，毕竟是她自己选择了不与兄弟姐妹们联系，然而，在"不再联系"这道边界建立起来后，它也会同样应用于主动断绝来往者的那一方。

有毒的亲人是不会考虑如何与你一起解决问题的，比如说，吉娜的姐姐绝不会考虑自己对吉娜的女儿如何做才能让吉娜放心。这一点你也应该有心理准备，你要预料到有毒的亲人是不会担负责任的，他们不会对自己的行为做出任何改变，也不会与你及你的价值观达成共识。他们只会把"爱"变成一场针锋相对的游戏。他们的理念是：如果你跟我断绝联系，那我也跟你断绝联系，并且，我会从你身边夺走你的孩子，因为他们是我的侄女、外甥或孙子。讽刺的是，这种竞争性和排他性的情感游戏，会迫使你进一步想与这些家庭成员划清界限。

练习题：给自己一点时间，想想那些有毒的家庭成员，他

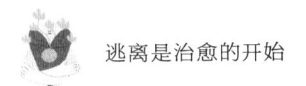

们是不是主动且故意参与到对你有害的体系中的？无论这个体系具体是指你的工作、娱乐还是人际关系。了解到这点，是你获得疗愈的一个重要环节。下一步，就是弄清楚你的家庭成员为什么要这样做。

> **自我治愈 Tip**
>
> 你认为家庭成员们无辜吗？如果他们"有毒"，那就绝不无辜。

我们都曾有过爱的期待

若要准确描述离开自己家庭的感觉，语言都会显得苍白。当你意识到自己是家中容易被忽略的那一个，或者在你重视的人心中你根本就不重要时，你会感到可怕又孤独。在成长过程中，这样的感觉可能已经影响了你对自己的判断，因此，学会应对这些纷乱的情绪，是一个人在切断联系后获得成长的典型特征。克服并改变从小被灌输的针对自己的错误情绪与不健康态度，确实是件难事，但也是可以做到的。

虽然目前我尚未找到科学上的依据，但我相信人与人的基因关系中包含着感情因素。当你与家人断开联系并为此而高兴时，你的自我中依然会有一部分在哀悼你从未拥有却本应拥有的东西，甚至还有一部分会隐隐怀疑自己才是家庭问题的症结。也正因此，即使断绝了关系，你的某些部分仍然容易受到家庭成员的操纵和虐待。毕竟无论你的年龄多大，拥有了多么丰富的知识与生活经验，你终归是某个人的孩子、兄弟姐妹、父母或与之有其他亲缘关系。当你在创伤后处于低谷时，还是会很自然地想向家人寻求支持。这种"想去爱我的家人，并希望他们也爱我"的自然欲望，常会令人不知所措。

你也许会疑惑："如果我仍然想得到他们的爱与支持，断绝来往的选择是否还是正确的？"

我知道，"与家人断绝来往"这个决定很难让你完全安心，整个过程中，怀疑会时不时地缠上你。不用焦虑，这种种困惑都是健康且正常的，这证明你天性体贴，且充满爱心。这是一个你在实施之前无法完全确定的决定，但我希望你不要让这些顾虑阻碍你的决定，这个决定会让你摆脱一直遭受的虐待和操纵，获得自由。

在一次采访中，我被问到有没有什么技巧可以坚定与有毒家庭断联的信心。我告诉对方，我并不是靠技巧或信心去切断联系的，如许多幸存者一样，我切断联系是因为难以忍受这种持续性的心理伤害，且除了断联找不到更有益处的办法。45 年来，我为了和家人保持联系走了各种弯路，断联的念头在此期间也经历了成长、蜕变与发展。最终，我发现自己面前只剩下两个选项：继续留在着火的房子里，或越窗而逃。我选择了逃跑，这样我才有机会为自己创造更快乐、更健康的生活。我一生中遭受的谎言、背叛和虐待都是卑鄙和蓄意的，我所知道唯

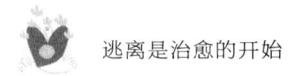

一合理的选择，就是保护自己。我不得不这样做，因为这不是一个关乎信心的决定，而是关乎能否活下去的决定。

当你和他们断绝来往时，缺乏信心是一种很自然的表现，因为你没有证据或经验能判断自己的决定是真的有益，还是会把生活变得更糟。这种怀疑会让你不由自主地质疑自己，于是，你开始在根本无法确定的情况下寻求确定。这就是为什么重新审视长期以来阻碍你做出决定的事件清单会对你有所帮助，这份清单会提醒你所承受的伤害是如何日积月累起来，并将你压垮的。

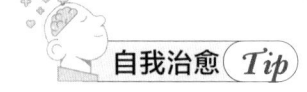

自我治愈 Tip

你会被熟悉的事物误导，因为它给了你一种虚假的安全感。大多数幸存者会不自觉地选择熟悉的痛苦，而非未知的幸福。

心理循环的陷阱

在一些幸存者的描述中，家庭于自己而言就像是一个无休止的循环。在这个循环里，自己的想法和感受不断旋转，他们想弄清楚家庭成员为何要这么对待自己，同时，对答案的求索并不能解除他们的痛苦。

我的一位叫作莎伦的病人就是如此。她总是怀疑自己在过去以及现在做了什么错事，怀疑自己到底对家人做过什么糟糕的事。当她大声说出这些想法时，通常会先列举出她为家人做的所有好事，然后再列举父母和兄弟姐妹对她造成的残忍伤害。需要说明的是，她的三个兄弟姐妹中有两个已经自杀了，这个现实本该足以帮她意识到问题不是出在自己身上，但她对自己个人价值的不确定感仍然挥之不去。

你也许像莎伦一样，正在疑惑着一些注定没有答案的问题：

- 为什么我的父母和兄弟姐妹对我漠不关心？
- 为什么当我身陷困境时，家人不出面帮助我？
- 我努力向家人传递出强烈的信息，希望他们能反省一下自己，他们为什么不为所动？
- 我本该是父母生命中的至爱，为什么他们对我不愿付出，只会索取？

对遭遇家庭虐待的人来说，这种无休止的心理循环很熟悉。说到底，为什么你的家人不能像个正常人那样通过做出适当改变来修复你们的关系？为什么你挚爱的家人如此冷酷无情？原因显而易见，又令人痛苦：**因为他们不在乎你**。

世界上真的存在如此铁石心肠的亲人吗？

答案同样真实而让人刺痛：是的，确实存在。

我们需要明白的是，是否能对他人，尤其是自己的血亲

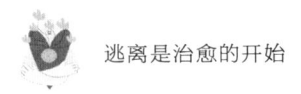

表达同情或关心,这是有瑕疵的普通人和有毒的人之间的关键区别。

有毒的施虐者并非一无是处,他们的确有好的时候,有时候也会做正确的事、说正确的话。不幸的是,他们所做的这些都是为了迷惑你,给你虚假的希望。

因此,当你明白了家庭对你意味着什么,当你明白了你和亲人的关系不应该包括任何形式的虐待或操纵的时候,你就会选择逃离你的家庭。为了成功逃离,你必须向自己发誓,发誓自己再也不要受到家庭成员的胁迫或虐待——他们本该是给你最大的保护与最猛烈的爱的人。

在你切断联系后,你或许会在质疑和自我怀疑中挣扎。不用慌张,这是正常的,这些都是治愈过程的一部分。你不可能摆脱人类对"一个支持自己、充满爱的家庭"的原始需求,并且,即使你与施虐者完全分离了,并对此决定感到满意,你也会产生一种自然而然的空虚感。你会感到自己缺失了爱,缺失了一个值得信赖的族群,也缺乏安全感、善意、同情、信任、稳定和保障,而以上这些,原本都应该由健康的家庭成员给予你。

而且,在潜意识的层面上,无论你内心对于获得自由的态度多么坚定,仍然会渴望从家人那里得到对这个决定的许可——至少是口头上的接受。然而,想让你的家人说出"我们确实对你很不好,所以能理解你需要和我们分开的决定,你是为了有机会感受和体验自己应得的幸福和爱"这样的话语,并如你所愿结束对你的虐待，根本就是不可能的！但你的这种渴望，也为你指明了严守界限的重要性——这不仅是一条隔开你和有毒家庭成员的边界，也是将从以往灰暗日子走向未来生活的分界。

自我治愈 Tip

记住，即使施虐者某天表现不错，也不能改变他是施虐者的事实，更无法阻止他继续施虐。

第3章

建立边界是生命中的大事

个人边界是什么？简单说，就是由你所创造的一系列准则、规范和限制。他人遵守边界，便可以与你建立合理、安全、自由的交往方式；一旦有人违反，个人边界也将提示你如何回应。

值得思考的一个现象是：人们长期都被允许与别人设置边界，唯独除了自己的家人。为什么要区别对待？难道只要有了"家人"的名号，就可以轻易获得原谅？

外部社会不断提醒着我们，对抚养你的人或和你一起长大的人设置边界，特别当你已经是个成年人时，这种举动是残忍的。在这种观念包围下，你会滋生出错误的思维模式——当出现问题时，你会认为全是自己的问题，会条件反射地、批判性地、毫不留情地反省自己的错误，而不去怀疑与你当前状况相关的其他人。由于从小缺乏关于建立边界的认识，你根本意识不到其他人或许也有一定责任。

这时候，就需要一道坚实的边界来帮助你了。物质层面的边界会让好的东西近身，把坏的东西挡在外面；情感层面的界限虽然不那么明显，但同等重要，尤其体现在与家人的关系中。情感层面的边界能将你的感受与他人的感受相互剥离，但如果你不主动去明确这个标准，边界就会变得模糊不清。

你的家人很可能对此心生不悦，感到自己被轻视了。那并不是你的问题，不要允许他们因为自己的问题指责你，不要为他们的感受承担责任，不要让他们支配你自己的感受，更不要为了取悦他们而牺牲自己的需求。

无论别人在边界问题上如何指摘你，你都要知道，自己绝非冷酷无情或没有良知的人。恰恰相反，你设定边界，正是因为你不但关切和保护自己的伤口，也想保护他人。逃离虐待你的家庭成员并设定边界，你才能以自己希望的方式获得疗愈，并最终康复。当你不再受到有毒家人的伤害，你可以收获快乐，可以做自己，可以勇敢说"不"，表达自己的观点。你还可以爱你想爱的人，做你想做的事——你可以毫无负担地做所有这些事，让生活恢复原本该有的样子，你身边的人也会被你感染。

那么，如何知道自己的边界在哪里？去倾听你的痛苦吧！从痛苦中，你可以审视自己能容忍什么、不能容忍什么。

自我治愈 Tip

边界是自尊的体现。设定边界是因为你在乎公平、真爱等真正有价值的事情。

你无须任何人的许可

当你和家人断绝来往时,不仅你的家人不会理解你,你也很难从其他人那里获得支持。很多人会觉得你小题大做,无法理解你这么做的必要性。只要你确信这是对自己最有利的选择,你就无须获得别人的理解和许可。

改变生活最重要的一步,往往也是最难的一步。当你意识到自己无法在有毒的环境中获得痊愈,从而设置第一道边界,切断与家人的联系时,你就迈出了这一步。

切断联系绝非儿戏,需要极大的勇气,是一个艰难而痛苦的过程。正因如此,在你从家庭脱离出来时,你会希望自己获得必要的许可和支持。不幸的是,在我们的文化中,人们往往拒绝给予这种许可。正如亨利·克劳德(Henry Cloud)和约翰·汤森德(John Townsend)在《过犹不及:如何建立你的心理界限》一书中所说:

你需要最亲近的人给你支持,去设置和维持你的边界,是有充分理由的:

- 你最原始的需求之一是爱与归属感。人们会为了拥有并保持人际关系,甘愿承受巨大的痛苦。

- 对孤独的恐惧，让我们中的许多人常年被功能失常的家庭束缚。那些考虑迈出这一步的人，几乎得不到任何支持——无论是来自教会、大多数治疗师还是朋友。缺乏支持只会让你更害怕设定与维持边界，即便它可以带给你自由，因为你错误（但可以理解）地认为，如果你正在做正确的事，那其他人没有理由不支持你。
- 你需要外界的支持帮你消除内心的恐惧，即：如果你与家人建立正确、健康的边界，你的生活中将不再有爱。

设定明确的界限，会陷你于两难：你的家庭不允许你这么做，你也不会从那些笃信"亲情胜于一切"的人那里得到支持。相反，你要与别人的愿望做斗争，他们希望帮你解决问题，以便在你的家庭氛围中感到舒适。或许你会问：为什么自己的家庭状态需要让其他人感觉舒适？事实上，有些人致力于帮助你与家庭成员重归于好，并不是为了让你感到舒适，而是为了让他们自己心里舒服。对此，我希望你更多地倾听自己，而非别人的声音。你不需要从别人那里获得设立边界的批准或许可，你需要的唯一许可来自你内心对安全的需求。

放下对许可的需求，只管去逃离你该逃离的家人，建立你该建立的边界！尽管可能有些艰难，但这意义重大。你只需获得自己的肯定就够了，这终归是你自己的生活，不是别人的。

自我治愈 Tip

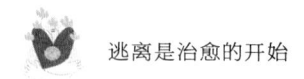

边界带给你生活的改善，远比你内心的疑虑更有力量。

识别忍耐的界限

无论你怎么做，你的家人都不会喜欢你对他们设定边界，他们觉得自己有权对你为所欲为，而不会思考你为什么要这么做。所以，你更要为自己着想，并分辨清楚生活中哪些是你可以包容的、哪些是你不能忍受的。

边界带来的最大好处，是划出了他人"停止动作"和你"开始动作"之间的界限。当你的个人领地中某些神圣的东西遭到侵犯时，本能会提醒你——注意！在你和他人之间存在着牢固的分界线。设立边界来保护神圣的个人空间，可以帮你避免别人因触线造成的伤害。破坏性的关系会消耗你的空间，让你替错误的事情和犯错的人买单。然而，边界的两侧并不是黑白分明的，它必须在合理的范围内留出灵活的空间。以下，是在设定边界时可以用来评估容忍程度的一些建议：

- **确定你的底线**：你必须判断你能容忍什么、不能容忍什么。
- **怨恨情绪值**：当有人在未经你同意，或你不感兴趣的情况下将他们的个人期望、观点、要求或价值观强加给你时，怨气值会高涨，拉响警报。

- **直接拒绝或保持沉默**：设定边界有两种方法。第一种，直接告诉那些越界的人，指出他们的所作所为让你不适。这种方法在相互对等、乐于接受反馈的关系中最有效，而对于"有毒"的人，沉默则是最有效的，因为"有毒"的人会对你所说及所做的一切充满成见。

- **你有权这样做**：对于既定的忍耐底线来说，恐惧和内疚是最大的陷阱。你是一个成年人，如果你不能为正确的事挺身而出，你就无法完全掌控自己的生活。

- **尊重自己的感受**：你越倾听自己内心的感受，越有自我意识，你就越能设定正确的界限，去真正照顾好自己的生活。

- **寻求建议**：如果你难以判断自己是否对某人的言行过于敏感，或者担心自己有所误解，那就在设下边界之前寻求他人建议，避免后悔。

- **要有耐心**：设定边界既是一门艺术，也是一门科学。你要明确你的需求和限度，同时也要调整你的沟通方式，避免激起家庭成员过于强烈的反应。在设立重大界限前，你可以尝试先从设置小的边界开始。例如："很遗憾，我这周很忙，不能和你聊了。"随着获得小小的成功，你会建立起自信，开始设置更大、更重要的界限，比如："当你冒犯我时，我会远离你。"

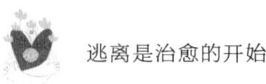

以上原则，是你为自己制定边界的重要标准，它们能保护你从有毒的家庭中脱身，并获得治愈与生机。如果你放任不管，不主动去保护自己的生活，就会生活在偏执、孤立和恐惧中，变得不幸而卑微。边界给了你过上圆满生活所需的情感力量，如果你觉得"必须设定边界"的想法是错误的，那就努力克服这种感觉。

　　一旦断绝来往，你要不惜一切代价照顾好自己。不要接电话，不要回复电子邮件和信件，也不要回应礼物、贺卡以及来自家人的其他联系途径。紧急情况下，你的家人可能会通过某个人联系你（我们稍后会进一步讨论这个话题）。在接这些电话时，一定要让联系你的人知道你与家人相处的边界。要感谢这些"中间人"的关心，感谢他们给你带来的信息，仅此而已。切断联系后，你只需要忠于自己和那些最亲近的人，而且时刻要记住，你最重要的事，就是照顾好自己。

自我治愈 Tip

别人给你带来的问题，不是你的问题。

谢绝旁人的"善意"干涉

　　在你和家庭断联后，势必会遇到旁人的种种干涉。

　　第一重干涉，是他们会质疑你的决定。这个时候，你或许会觉得对方一定是不知道你经历过什么，才会这么误解你。你会忍不住去解释，去梳理事情的来龙去脉。千万不要试图解释，因为当你向别人解释为什么你别无选择时，事情也就变得复杂了。无论你是声泪俱下，还是耐心地去跟他们说明前因后果，很多人依然会臆想出一个促使你做出"这个大错特错的决定"的荒谬理由，并将这理由硬生生投射到你身上。所以，与其向别人解释自己，不如相信你为自己做出了正确的决定。

第二重干涉，在于别人的出谋划策。尽管任何人都不可能替你解决家庭问题，但在切断联系之后，你要面对很多想要插手你的家庭问题的人。他们对你在家庭中受到的伤害几乎一无所知，但仍觉得自己可以帮你解决一切。当你坚守自己划定的边界时，往往还会激怒这些调解人，他们认为是你的固执和不愿松口原谅，才导致了今天的局面。进而，他们会将这些问题投射的范围不断扩大，他们无知地认为，如果你能与家人恢复联系，你遭受过的虐待就会停止。但这怎么可能管用呢？如果你真的按照他们说的去做，你只会回到原点，重新受到伤害。

旁人这种毫无逻辑的荒谬理论，肯定会在情绪与理智上给你带来压力。这些调解人根本没有考虑到，如果你能做出一个诸如"逃离"这样严肃的决定，你肯定早已经完成了一系列的工作，你经历了痛苦，并想清楚了所有相关问题的答案。我常思考这样一个悖论：为什么当孩子主动与父母或者某个年长的家庭成员设立不再联系的边界时，孩子就会被视为互动中不合理的一方；当

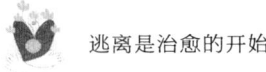

父母或长辈对成年子女及晚辈设定同样的边界时，他们却会被视为受了委屈的好父母或好长辈。这毫无道理。

你要详尽体察这种虚伪，这样当你面对它的时候，就可以克服困惑，继续毫不动摇地相信自己的真实感受。

除了身边人的干扰，你还要克服来自大环境的阻碍，打破以往人们对家庭的固有认知。

社会对家庭的刻板印象，可能会对那些需要与施暴者划清界限的人造成严重伤害。别人很难支持你的决定，因为他们不想被旁人或自己视为不重视家庭的人，而由于这样的人众多，以至于你在争取理解的道路上，难免会感觉自己陷入了一场永无止境的苦战。换个角度说，如果你甘愿面对这场战斗，在不被普遍接受的情况下依然坚定立场，宁愿选择被人审视、误解，也不愿与家人保持联系，那么，这就足以证明你的家庭毒性之强，也足以证明你的选择是对的。当然，别人是看不清你的这一关键信息的，也正因此，社会对家庭的固有认识始终难以突破，很多人只能忍受被家庭成员控制和强取豪夺。

行为会产生后果。一个人在这个世界上投入的任何东西，都会产生与之对等的结果。在崇尚关爱和尊重的家庭中，温情和与之对应的结果，营造出了有着健康边界的家庭，每个成员都能够以开放的姿态拥抱人与人之间的个体差异。很遗憾，这并不是你成长的环境。

正如克劳德和汤森德在《过犹不及：如何建立你的心理界限》中告诉我们的：若你的家庭成员无视播种和收获的法则，

便会产生对应的后果。根据因果法则，任何故意伤害他人者都将面临严重的后果，而家庭成员在情感上虐待和操纵你的行为，也将使他们面对与之相匹配的结果。他们要遭遇的自然后果是什么？就是关系的丧失。这是他们自己造成的，你不用对此感到内疚，并且，如果你在被其伤害后却不让他们承担后果，他们就不会从中吸取教训。

练习题：如果你尚且不确定是否要让他们吸取这个教训，那就回忆一下你家庭中那些让你感到虚伪的场景，写下所有他们严格要求你遵守但自己却不遵守的规定，并描述这对你的不良影响。

以舍弃家族称谓的方式设立边界

在我的经验中，我设立的最有力的边界之一，是一个让我大彻大悟的道理——对于成年人来说，有毒的家庭成员们不过是些普通人，没有权威可言。我相信这种想法对你也会有所帮助，在你小时候，父母或年长的家庭成员总是在关系中拥有最大权力。他们仿佛是你的一切，但这种地位并不一定是他们靠威望赢得的，而是因为他们体格更大、年纪更长，与当时的你相比，他们还有独立生活的能力。因为实力悬殊，所以你要听从他们指挥，照他们说的去做。而你也以他们为榜样，希望得到他们的爱、认可、支持、指导、时间与关注。为此，你按照他们的要求保持安静，不抱怨，不质疑或反对他们，他们说什

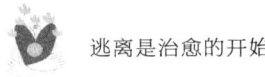

么就是什么。你尽你所能地表现出正确的行为，去满足他们的期望，希望他们高兴，甚至以你为傲。

然而，这些规则只适用于你在他们屋檐下生活的阶段。我永远不会忘记，自己不再把兄弟姐妹和父母视为家人的那一天，在忍够了他们的虐待和残忍后，他们在我眼里变成了普通人，甚至仅仅是"人"而已。当你给别人冠以"母亲""父亲""姐妹""兄弟"等称谓时，你就给了他们在你生命中具有重要性、领导性的地位和权力。你出生时，他们自然获得了这些头衔和优势，你别无选择，只能尊重他们。成年后，尽管你无法从法律层面上与他们分离，却可以在情感层面上逃离他们。

身为成年人，当我在某一刻被迫接受我的家庭成员是"恶劣"的时，我就不再以家族称谓来称呼他们了，而是开始对他们直呼其名。这种方式不仅仅是个形式，而且是一种重要的心理暗示与心理界定，确实能对我和我的许多病人产生极大帮助，让我们更坚定地意识到，自己的家庭成员只是普通人，而非权威。

舍弃家族称谓，会帮助你看清家人本来的样子。如果他们不能在你的生活中扮演亲人、领路者或其他人际关系角色，你就可以不再给予他们曾拥有的称谓和身份，正是他们的虐待和操纵毁掉了这一切。正如《哈利·波特》系列中睿智的邓布利多所说："就叫他伏地魔，哈利，对事物永远使用正确的称呼。对一个名称的恐惧，会强化对这个事物本身的恐惧。"

我希望你也能从中获得启发,并且获益。

自我治愈 Tip

如果你的家人不配拥有家族称谓所赋予的权力,那就收回它们。

逃离的新路径

大多数人在艰难的情绪状态中,往往会选择回避的态度,而非大胆行动。我就曾是这样,对于家人的问题回避了很多年。

而今我走出困境后,才发现一定要避免这种冲突的心态,重新找到逃离的方式,这样我们才能更进一步,以更广阔的视角发现全新的可能性。如果你总是逃避从一段虐待性的关系中挣脱,那你就无法实现这个愿望,只能继续以怯懦讨好者的身份过着无可奈何的生活。如果你真的为你的健康和快乐着想,真的想去做对自己幸福有益的事,你就不能无视现实,畏惧冲突。

当你屈从于内心的恐惧,你就会一直与那些伤害自己的人和环境绑定在一起。我知道,挑战现状确实需要巨大的勇气,需要极强的自我意识,尤其是在一个宣扬"家庭就是一切"这一顽固信念的大环境下。对某些人来说,家庭可能确实就是一切，但这个道理并不适用于所有人。我们离开施虐家庭的决定，应该与那些尊重家庭并乐于和健康家庭保持联系的人一样，得到同等的肯定。

思考一下，如果你不再做他人看法的奴隶，你会感受到怎样的力量？你一定会有答案。你还可以列出具体有哪些行为可以保护自己，这能够提升你的自我赋权感。你需要这种赋权感，在破坏性的家庭系统中，冲突是按照"以眼还眼，以牙还牙"的行为模式来处理的。因此，当不好的事情发生时，你的家人会设法报复。最常见的情况是，当你没有默许有毒的家人对你进行操纵与虐待时，他们会抛弃你。你必须为自己而战，必须基于自尊心而下定决心，必须确认修复他人造成的伤害不是自己的义务，并对此保持沉默，这时，你才能与这些有毒的家人切断最初的纽带。

你的沉默，会给这些家人修复关系的机会和空间，但他们既然身为心理虐待者，是不会在意这珍贵的机会的，他们更喜欢报复而非修复。在后面的章节中，我将详述应该如何应对他们，而现在，请再次重温设立边界的巨大意义与价值。有了边界，你不会再在意人们是否相信或理解你；有了边界，你将更能唤起自己内心的勇气和承受力，并且，你会为保护自己免受掠夺者伤害而持续采取行动。

自我治愈 Tip

人们有权对你和你的行为发表意见,但他们无权告诉你应该做什么或不应该做什么。这完全取决于你。

第4章

对悲伤的迫切需求

虽然你深受有毒家人之苦,但当你设定出彼此健康、明确的界限时,内心还是难以避免地会涌出痛苦之情。这是一种大多数人难以想象的处境,在此过程中,你感受到的悲伤和难过都是正常且可以理解的。

你正在失去一些对你而言非常重要的东西,而你以往的经历中,你也很少能遇到有谁会心甘情愿地选择你的这条路,即:不得不切断与亲人的纽带,以保护自己的心理健康和安全。可以说,每个人设立界限的源头都是被逼无奈,你现在已经知道,设立恰当的边界会给你的生活带来获得幸福的更大可能。

幸运的是,你觉醒了;不幸的是,很多人不会理解你,也鲜有人会对你的悲伤抱以同情。更有甚者,有人会天真地指责你是自作自受,因为在他们看来,切断纽带是你主动做出的决定,而他们认为你完全没必要这么做。这种来自他人的投射,基于他们的无知，他们根本不知道你从小到大都遭遇了什么。

当你感到自己不被支持，或不被允许对自己的处境感到悲伤时，你会感到深深的痛苦和孤寂。在健康的家庭样本中，冲突的处理方式会更仁慈、礼貌和成熟。当不好的事情发生时，健康家庭中的成员首先照顾的是感受，他们会去悲伤、去相互联系、去理解、去同情，但他们不会去报复。相反，他们会想知道怎样才能在包容和安全的前提下求同存异。而这种情况以前没有，以后也不太可能发生在你身上，因此，你有权为家庭带给你的真切痛苦而悲伤。

你不仅有权表达自己的**悲痛**，更有权表达自己的其他**各种感受**。

当你没有从父母、家人那里得到你所需要和应得的爱，你完全有权利为此**失望**。如果家人欺骗你，或者严重低估你的价值，你也有权利对他们感到**愤怒**和**沮丧**。

如果你表达了种种感受，却没能从家人那里获得保护、爱或任何真正的指导，只得到了生硬、批判、冷漠或不诚实的回应，你会感到困惑、自我价值丧失、沮丧和不知所措。以下几类虐待方式，是有毒家庭常用的手段，在这样的环境中，你几乎不可能不迷失自己：

- 你在家里遭受了过度的批评，情感上受到伤害，你对自己的遭遇表达合理的不满，却被家人斥责为"彻底疯了"。这让你产生深深的自我怀疑、困惑、羞耻和自我厌恶。

- 在家庭中，你被迫学会了将悲伤隐藏起来，并为自己对家庭怀有如此"可怕"（其实很合理）的想法而愧疚，甚至自我惩罚。
- 在成长的过程中，你没有机会与他人建立良好的关系或相互分担忧伤，家人也不允许你私下感受悲伤。在你最需要支持的时候，你的家庭没有给你归属感，也没有给你提供避风港。
- 没有人道歉，也没有人愿意和你做出双向努力来解决问题，你心中被遗弃与不被爱的感觉没有得到补救。

你需要明白，如果在一个家庭中，保持家庭幸福的条件是你必须压抑每一种糟糕的感觉，那么，在这样的环境中，几乎任何人都不可能保持理智，更不用说保持对自己的正确观点了。**你需要，也应该感受你必须感受的一切，这样你才能痊愈。**

等到你把家庭成员拦在防护边界以外，你确实会悲伤，也正因为这种切断，你不用再受有毒家庭成员带来的负面影响，并终于可以发现真正的自己。所以，此时的悲伤其实是个好消息。我建议你在悲伤的时候用心一点，然后把意念集中在自己内心建立充满爱和积极乐观的联系上。

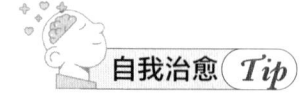

自我治愈 Tip

不要惧怕悲伤，悲伤是治愈的开始。

有益身心的悲伤情绪十步

下面,我将给你介绍一些实用的步骤,可以帮助你逐渐走出悲伤:

1. 承认家人以虐待和轻视的方式对待你,并允许自己为此难过。

列出他们对你做过的错误行为,认识到那些你本应得到,却求而不得的认可或同情,并尊重自己生而为人的基本尊严。要唤起那些记忆,一个最有效的方法就是写一份"我去你的"清单,我经常会让我的病人这样做。在这份清单里,每个句子都是以"我去你的"开头,你可以怀着痛苦、愤怒的或沮丧的记忆写完这句话。请相信,这项练习对你很有帮助。它有助于将你从受害者的自我定位中拉出来,帮你清理情绪垃圾。通过书写这张列表,你可以学会正确归责,还可能感受到一种愤怒——自己竟然长期服从甚至顺从于家庭成员的凌驾。当你有了这种认知,这项练习便如同在你的成长空间中射进一道光。

2. 别因为害怕失去归属感而去追逐、挽留一段具有虐待性质的关系,也不用为其辩护或解释。

我们每个人都非常需要来自他人的维护,然而,我们必须牢牢地控制这种需求。在这种需求膨胀时,你会产生一种坚定

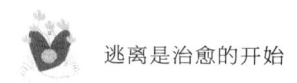

的希望：如果自己一直向他们声讨并追究所受的虐待，他们最终会给自己想要的认可。

不，别幻想了，他们不会的。他们会争辩，否认，颠倒是非，然后说你疯了。你唯一得救的机会，就是放弃为自己辩护的冲动，转而去设立界限，与虐待自己的人切割。因此，当你心中涌起自证的冲动时，你要有所意识，并且改变自己冲动的方向。你可以去户外或花园，去远足，去跑步；或者记录下这种冲动，告诉你的治疗师或你信任的朋友，通过各种方式忘记它，让它随风而去。当你被家庭的不公正所困扰时，你所做的一切，都是让你逃离这个恶劣的环境，并让思想、精力和注意力回归正轨，回到自己的生活中去。

3. 改变自己的观点，不再将失去一段关系的原因归结于自己做得还不够。

这是一项与自己对话的练习。你要时刻提醒自己：某个人虽然是自己的家人，但并不意味着他就一定会善良厚道、为人正直；他们不好好对待你，很可能与你本身的价值无关，而是更多地反映了他们自己的心理障碍。当你频繁地提醒自己这一真相，并且到一定程度时，它就会成为你内心信赖的真理。

4. 认识自己的创伤和耻辱——我们该如何面对自我怀疑，并理解内心的自我批评？

你不能忽略你的情绪，尽管我们中的很多人希望自己可以。人类的情绪就其本质而言，是一种有"往来"的能量——它们会来，但也会去，然后还会再来。当你的情绪来临，你可以训练自己在不付诸行动的前提下去感受它们。当你训练自己这样做的时候，你就培养了对自己情绪的掌控力。不是所有的情绪都需要表达出来，并且，当你基于真实情感做出反应时，很可能得不到任何想要的反馈，甚至多数情况下，你只能感到羞愧和无力。你需要用一种缓慢而深入的方式来了解自己，当你获得了自控力，你有毒的家庭成员将无法进一步伤害你。

5. 释放自己的情绪：痛哭、抽泣、伤心、用力挥舞双拳、尖叫、哀痛、紧紧抱住自己。

这似乎与前面的建议相矛盾，当你真的心碎时，私下里将所有感受发泄出来是很有用的。大哭大叫、暴怒、发脾气、悲泣，去拥抱这些看似丑陋的状态吧，去感受你内心的恐惧，或许还有周身的疼痛，这一切，对你都是有益的。悲伤是为了释放被压抑的消极、无用的能量，如果你觉得自己的悲伤被困在心理防御的墙体后，以至于你无法表达悲伤，你可以采取一些方法推倒这些墙。比如，你可以在自己的房间里装上软垫墙、沙袋之类的东西，然后击打它们，或者写一些不会寄出的信，再或者想象与伤害过你的家人对话。无论你选择何种形式去释放自己的情绪，我保证你都会有积极的转变。最重要的是，当你拥抱自己的悲伤时，你也会成为自己的精神支柱——这正是你一直希望能从家庭中获得的。

6. 识别并消除那些来自家人的操纵安排。

你经受悲伤的过程中，你脑海里曾经不断播放那些有关自己的不实之词，会逐渐失去力量。不要再去想家人对你的负面看法，而是要练习用更准确、更积极的自白去描述你所认知的自己，并取代那些困扰你的谎言。每当你缺乏信心、对事情没有把握的时候，这些积极的、更准确的话语就会带给你力量。

7. 给自己足够的时间、爱与关注，去倾听自己的痛苦。

想要让悲伤赶紧翻页，是一种很正常的心理，因为它确实很痛苦。但是，匆忙做出的事情往往是不完善的，它会一次又一次将你带回悲伤中。如果你感到悲伤，或者愤怒、憎恶、沮丧，那就顺其自然吧。去感受它，这些强烈的情绪会袭来，也会退去——前提是你要允许它们来。不必着急让不好的情绪退场，先敞开心扉，倾听自己情绪中的潜台词，然后从中学习，让情绪自行消散。

8. 改变对自己的失败主义叙事。

在有毒的家庭系统中，受虐待的家庭成员会被催生出恐惧、偏执和焦虑驱动的思维模式，内心消极且充满了宿命论，久而久之，在看待事物时，往往也会采取消极的、基于恐惧的失败主义叙事。如果你也有此类现象，请改变你习惯的思维，学会友好、耐心地和自己交谈。你可以花一分钟的时间，根据自己所恐惧的事去展开设想，设想可能发生的最坏情形是怎样的，并尽可能地想象其中细节。接下来，再用类似的方式想象一下最好的情况。你会发现，当你允许自己设想最糟糕的情况时，它也就变得没那么可怕了——它是由情绪驱动的，而情绪总是来了又走，并不代表现实。你越能意识到最坏的情况是不理性的，你就越会完善你对最好情况的设想，并计划实现它所需采取的行动。

9. 像爱自己的孩子一样爱自己。

走出悲伤最重要的部分，是慷慨地给予自己慈悲之心——就像你对自己的孩子或爱宠所做的那样。你要全心全意地爱自己、善待自己，对自己有充足的耐心，鼓励自己，并尊重自己和你正在进行的疗愈过程。给自己足够的时间、爱、休息和关注，这些都是你真正需要、曾经想要，也绝对应得的。

10. 悲伤是一场终生都会出现的冒险。

当你一路经历，一路成长，你会发现，那些曾经盘旋在头顶以为永不消散的乌云，其中会透出明亮的曙光。随着时间的推移，希望会渐渐取代无望。当希望越来越充盈，你的生活自然就有了更加积极的色彩。

自我治愈 Tip

悲伤会校正你的情感感知力，净化你的情绪，并让你从全新的视角看待自己，以及与生活的关系。

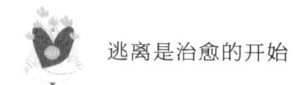

在悲伤中继续前行

接下来，让我们看看在悲伤阶段，有哪些美好的事情值得期待。

对你来说，想要从给你带来大量伤痛和创伤的家庭走出来，将必然经历一个持续悲伤的过程。悲伤会帮助你接受这样一个事实：你不可能为每段关系都找到一个健康的结局，但这不意味着你不能去给一段关系画上句号。这里的"句号"指的不是切断联系的具体行为，而是你终止一段关系的决定。一旦你坚定了决心，就可以让你从家人的虐待和操纵中成功逃离，并全然接纳自己的新状态。这种接纳，意味着你不再允许那些破坏性的家庭成员进入你的生活。你在悲伤之后，看到了由悲伤产生的诸多积极影响：

- 你的生活开始充满了无限可能，你明确自己摆脱了家庭的阻碍和压迫。
- 你开始注意到自己身上也能经常发生美好的事情，你开始在生活和人际关系中感受到成就感和满足感。
- 你知道如何管理自己的边界，当事情不顺利时，你不再责怪别人，因为你已经将自己从无益于你的关系中解放出来了。
- 你开始每一天都活在自己勇敢、谦逊但强大的光芒中。

- 生活让你兴奋,而非厌烦。
- 你已经学会了在每个重要的方面爱自己,为自己营造丰盛的生活,也正因此,你身边聚集了一众坚定的支持者,他们会以你一直渴望的方式去爱你、帮助你。
- 你发现生命是一份礼物。

你的悲伤让你明白,有些人永远不会为自己造成的伤害道歉,没有什么原因,他们就是不会——并不是没有道歉的能力,而是根本不愿意道歉。虽然这一点会让你很难接受,但你的家人确实会常常表现出无可救药的傲慢。他们不会为了修复你们的关系而做出必要的努力,反而会将道歉视为一种耻辱。在他们眼中,道歉意味着失败,而非亡羊补牢。

为家伤怀是不可避免的。当你不断训练自己,允许自己为损失而遗憾时,你的悲伤过程将带给你强大的复原力。失去家人确实会在你的心中留下空洞,这种失落感有时会被特定的事件激发,尤其是在社交中。别害怕,请保持开放的心态,频繁地感受悲伤,继而填补这个空洞。

在这个过程中,当你有了更深层次的积极意识,你就会明白你无法改变那些情感幼稚的家庭成员。当你理解了这一点,你就摆脱了束缚,可以迈出脚步专注于自己的生活了。自我意识的萌动、界限的确立,以及对前行的渴望,这些综合在一起,让你可以继续走在爱自己、守护自己的旅程上,一路上,你还能吸引来那些你一直渴望体验的健康的人际关系。

你值得拥有这些健康的人际关系。因为尽管是出于必要，但与家庭分离依然会带来一种社交上的失落感，人们很难在这种失落中茁壮生长。

在下一章，我们将带你认识一下这种"失落感"，并找出应对之策。

自我治愈 Tip

若你拥有一颗真正纯净的心，无论你心里的空洞有多大，你最终都不会落败。

第5章

逃离带来的社交失落感

　　失去家庭，会给你的生活带来极大的失落感，而且，这种失落感并不会随着边界的确立而解除。那些本该填补这种失落感的家庭成员仍然缺位，并且，正因为出现了边界，这种缺位甚至更加持久了。对你而言，这既带来自由，也带来失落。若想战胜这份失落，你需要独自完成，依靠不了别人。你建立起的不联系的边界，为你减少了来自家人的虐待，但也让你生活中的空洞变得更深，此时，悲伤就成了你填补内心失落的重要手段。体会悲伤的这个阶段，将有助于帮你接受矛盾的现实。你一定记得"9·11"事件中世贸中心双子塔的坍塌，你的父母本该也是你生命中天然的两座牢固、坚不可摧、稳定的大楼，为你以及整个家庭提供安全、保障和公平。但是他们没能做到。

　　而今，双子塔曾经矗立的地方，已经建起了纪念喷泉。当我去参观"9·11"国家纪念馆时，我注意到，人们在凝视

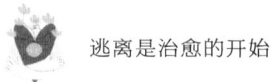

纪念逝者的喷泉后，几乎每个人都会向上看，好像在确认两座高耸而惊人的大楼真的已经不复存在。双子塔的倒塌已经过去了那么多年，人们依然觉得难以置信，就如同我们曾经渴望自己的家人是强大、卓越、稳定、坚不可摧和充满爱的，即使我们明知道他们不是如此，依然会一次次忍不住地朝着那个目标遥想。

你可以给自己一点时间，仔细回顾生活中经历的失落感，尤其注意你在个人、社交和情感上的感受。

当你的家庭系统不断被有毒的家庭成员侵扰时，它不可避免地会在某个时候从内部崩溃。那些在外人眼里或许强大且坚不可摧的东西，实际上非常脆弱，无法把这一切继续维系下去。当一个功能失常的家庭最终从内部破裂时，你就会赤条条地袒露在社交环境中，不幸的是，其他人也都会注意到。在你的余生里，可能会因此平添许多无意义的社交和人际侵扰，这些事一次次挑战着你对"与家人断联"这一决定的信心。猛一看，你像是用杜绝一种侵扰的方式换来了另一种侵扰，实际上，这是因为无论从人际还是社交层面，人们都会自然而然地想去侵扰那些自己一时还理解不了的事情。

在这些问题出现时，该如何驾驭它们呢？下面，我会讲述自己和其他人所遭遇的情况，由此，你可以学会疗愈之路上不可或缺的一课——如何提前筹备并应对以上侵扰。

自我治愈 Tip

一些离开有毒家庭的人，往往会受到戒毒后的瘾君子一样的对待，他们不得不长期面对其他人的质疑，并很难感受到他人的信任或理解。

承担必需的人际代价

获取自由是有代价的，因为人们很少会遇到对自己的有毒家庭不加掩饰的人。陌生人第一次见到你时，很可能会觉得你看起来挺健康、挺正常，甚至是很成功，他们最初会自然而然地以为你一定来自一个稳固、充满支持与爱的家庭。当发现自己的假设与现实大相径庭时，他们会感到震惊。

当你分享自己的经历时，很多人会迫不及待地给你讲一些故事，以此说明为什么你应该和你的家庭至少保留一条沟通的纽带。他们通常会建议你和家人保持联系，这样就不会在今后留下什么"遗憾"了。而他们的建议表明了一种立场：在他们看来，你建立明确的边界这件事犯了根本性的错误。

这些热心的建议者中，通常包括心理治疗师，他们可能自己就研究过有毒人群，但并没有真正深入这种痛苦生活中的第一手经验。而你在人际社交中遭遇的不理解，不管对方是多么无心，都会成为一种不良的干预，唤起你家庭创伤的记忆。这会使你的处境变得既痛苦又沮丧，还会加深你的悲伤。所以，无论何时，我都允许你忽略以下任何一条可能出现在你和他人之间的对话内容：

- "你的家人们并不是有意要这样做的。"
- "你的家人们根本没有意识到他们造成的痛苦。"
- "你应该选择原谅和遗忘。"
- "你可能没有正确理解你的家人和他们的行为。"
- "是你太敏感了。"

　　通过这些牵强的假设和陈词滥调，人们公然否认了你痛苦的真实性和程度。他们无法理解你，并试图让你推翻自己认真考虑过的合理决定，他们这种为恶棍代言的模式，与你那些有毒家人对你施加的操纵没什么区别。而这些麻木、扰人的声音，会让你觉得好像没有人能理解自己独特的处境，这让你备感孤立无援。

　　请记住，最了解你经历的，并不是心理专家或研究人员，更不是那些看热闹的人。你是相信自己的认知，还是任凭别人左右？没人比你更了解或理解虐待你的人，所以，你也没必要因为任何理由向任何人解释你曾遭受的虐待。当他人对你的痛苦轻描淡写时，你会更封闭自己；当你勇敢和人分享，却招来了误解时，你会很自然地质疑自己为何这样做——为什么要分享，难道就为了听他们讲一些与你的状况根本不相关的故事？

这无疑会让你难以信任别人，也难以接近别人。

一旦你开始试图向别人解释自己的遭遇，就等于将自己置身于社会评判体系之中。无论你提供了多少关于自己所受痛苦的证据，人们还是有极大的可能不愿去理解和同情你的经历。而他们的态度，会扰乱你在生活中试图建立的平静，并让你感受到新的痛苦和孤独。你可能会因此感到自己与别人不一样，觉得自己很怪异；你会感到自己受到了负面评价；而那些社交场合会让你觉得，有毒家人给你带来的缺口越裂越深，自己与别人之间也出现了明显隔阂。

此时，你有权考虑这些人是否适合你。以我和我的病人的亲身体验来说，一旦你开始把家人排除出你的生活，你就会更准确地认识到还有很多人——无论是否来自家庭内部——他们不是在给你的生活增光添彩，而是在抹去你生命的光彩。随着你逃离有毒的家庭，你的人际关系也会经历一次大扫除，不用担心最后没有人会站在你身边，在与家人切断联系后，结束其他一些关系也是常见且无可厚非的。

如果你想知道在离开有毒家庭后，应该如何从心理压力和持久的空虚中活下来，不妨听听那些遭受过痛苦并已成功脱身的幸存者的故事，然后跟随他们的脚步。

同时，你也要允许自己做以下事情：

- 除基本事实以外，不向他人说明你关于家庭的决定。
- 你可以自愈，无须把自己的痊愈寄托在别人对你的选择的认可上。
- 即使人们不能完全认同你的故事,你也可以接受他们给予你的爱,并珍视这份爱。
- 为了保护自己免受有毒家庭的影响,你做出了艰难的决定,这足以让你以自己为傲。
- 你在家庭里遭受过的痛苦,可以作为你验证自己决定的唯一根据。

你必须充分认识到,许多人虽然能做到同情你,但很少有人能对你和你的处境真正产生共情。无论有多少人爱你,只有少数有过相同经历的人能够理解你的痛苦,甚至很多时候,你的支持者只有你自己。从某种程度上说,人类就是孤独的,因此感到孤独也是正常的。

自我治愈 Tip

对你的经历了解最深的,是有过同样经历的幸存者。

提防别人的窥私欲

对于你的决定,很多人都会充满好奇,并且察觉到了你对自己的家庭隐私有所保留。随着好奇心越来越旺,他们的行为也变得更具侵扰性,无论你是用沉默还是直接回绝的办法保护自己的隐私，都难以打消这些好奇者的兴趣。

正常人都会对这种好奇心产生畏惧。一直以来，我都坚持在谈话中不去询问可能让对方感到不适的话题，尊重他人身上表露出来的对隐私的需求。然而，那些试图将有毒家庭作为秘密深藏起来的人总是发现，身边的人一旦察觉到了这一问题，就会开始变得不尊重隐私。他们会提问，尽管他们的本意并非伤害，但他们好奇打听的样子，依然会给人造成伤害。

当面对这样的侵扰时，你会感到十分不安，对方和你的原生家庭一样令人气恼。在有毒的家庭中，根本就没有尊重隐私这回事，如此的成长经历会让你在别人的好奇心面前更具自我保护意识。请放心，你的这种感受不仅没有问题，而且是健康的。

面对别人强烈的好奇心，你只需要提供关于自己童年和家庭的粗略信息，或通过询问对方的家庭或个人详情，将谈话的焦点转向对方。如果与你对话的人依然无法控制自己的好奇心，还想继续推进这个话题，那么你可以使用一种轻松的方法应对："嗯，现在谈这个话题可不是什么好时机。"或许你也可以这么说："对我来说，这不是一个愉快的话题，我不愿意多谈，但感谢你的询问。"不用管对方怎么想，因为你不必承担其他人对你的情况的感受和意见。

> **自我治愈 Tip**
>
> 你完全有权利保护自己的叙事方式。别人如果轻易地评判你,那是因为他们没有换位思考的能力。

社交或聚会带来的创伤

除了别人对隐私的窥探会让你不适,还有一些特定场合与日子,也会让你心中涌起波澜。

在诸如节日、婚礼、生日派对、周年纪念日和家庭聚会等社交活动中,你很容易被激发出强烈的失落感。对遭受过家庭虐待的幸存者来说,社交活动和聚会都能牵动自己对于家庭的自然需求。

除了自己会触景生情外,在一些特定的时间节点中,你身边的人,尤其是刚刚结识的新朋友,会很容易询问关于你家庭的问题,他们不是想故意刺激你,而是他们认为此时提出这些问题,对你来说是一种温情的互动。正是这些互动,很可能让你在节假日或其他大日子期间不想和任何人有所瓜葛,因为你不想应对自己内心的反应。请记住,大多数人并不是有意向你抛出痛苦话题的,对于不那么了解你的人而言,他们很自然地想要了解你,而重大节庆恰好是个公认的开启话题的机会。

这也意味着,在以上这些时候,你需要以任何必要的方式照顾自己。举个例子来说，我会选择和我的女儿单独过母亲节，而不会和其他人以及他们的母亲一起过这个节。我不想在这一天被问及我的母亲，也不想被提醒我的母亲身为一名母亲和外祖母，却对我进行无休止的虐待、否定和操纵。在母亲节，我要庆贺的是作为母亲的我和作为女人的我，更要赞美的，是我和我女儿之间美好而亲密的关系，以及她是一个多么了不起的人。这些可以帮我填补心里的空洞，而非让自己从中流血。

希望我的经验能给你一些启迪，让你能将重大活动和聚会变得更适合自己的需求。社交舞台可能会让你意识到家庭的空缺，你也能学会以新的方式填补这个空缺。

你不妨给自己一点时间，写下自己需要在社交聚会或节假日前后做出的一些改变，以便更好地照顾自己。

通常来说，扩大交际圈会带来愉悦的感受，但对于有毒家庭幸存者而言，当你和家庭切断联系，并开始与新的朋友、恋人发展关系时，你总会面临一些沉痛的沟壑。在这空隙变得明显之前，你从来都不知道自己缺少了这些东西，但当裂缝变成沟壑，有毒家庭成员带给你的失落感被扩大了，你才意识到自己缺少了什么。

比如说，许多幸存者要面临这样一个事实：无论在私下还是公共场合，自己新结识的人都不可能看到自己被家庭成员所爱的场景。而这牵扯到了一个普遍的心理学现象，那就是当一个人看到另一个人得到了家人的爱与尊重时，自然会影响自己

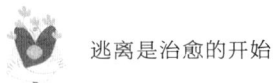

对其的看法，不仅会看重对方作为人的价值，还会私下加深对其的爱。这确实很神奇——我们越是看到别人爱着我们所爱的人，就越会觉得自己所爱之人如此可爱。

然而，这种神奇的心理体验，对于有毒家庭幸存者来说，是最难以向别人提供的。我们越是察觉到别人与自己亲人的互动，就越是清晰地认识到自己身上的断层。当我们进入一段新的关系时，我们所爱的人永远不会看到我们被家人深情接纳的一幕；当我们新结识了一个朋友，他们永远也无法听到那些只有你的原生家庭才能提供的关于你的内部笑话、俏皮玩笑、饱含爱意的打趣和有意义的谈话。你错过了生命中一些重要且充实的互动，爱你的人也是如此。

从社会层面上说，家庭往往给予人们最深刻、最坚定的认同感，但在你个人的经历中，并非如此。家庭对你来说只是一个痛苦的缺口，缺失的部分让你内心的空洞变得更深。这个空洞其实是有毒家人的新化身，空洞取代了他们在你生活中的存在，从现在开始，你将与之建立起新的关系。有一些方法可以让这个空洞变得容易接受。通过了解自己所处的社会环境，我们能清楚地知道自己缺失的部分是什么，并学着确认那些沟壑——那应该是我们释放悲伤，然后用新发现的治愈能量去填补的地方。

> **自我治愈 Tip**
>
> 你有权让内心的伤痛不被触发，以此确保自己不因伤口加深而受苦。

那些被极端低估的痛苦

你的社交圈里，一定会有人不理解你的家庭对你造成的痛苦，并且极端低估你的经历，对你而言，这绝对是件糟糕的事情。

作为有毒家庭的幸存者，无论你是否愿意，关于你家庭的话题就是会伤害到你。这怎么可能不伤人呢？奇怪的是，总有些人仅仅从外部一窥你的生活，就认定你的经历没什么大不了，认定你在面对失去家庭的现实以及它所留下的失落感时，所承受的痛苦纯属小题大做。人们希望你在情感上克服自己的感受，毕竟，他们认为你是主动切断联系的一方，所以你就应该对这类话题表现得满不在乎。

抱有以上想法的人，也是麻木不仁且无知的人，他们从来没有体会过你的绝望，并且低估了你的痛苦。某种程度上，切断联系这个痛苦的决定，是你余生每天都需要思考和处理的问题，而你社交圈里的某些人，全然没意识到你遭受的持续性伤害，他们只会轻描淡写地问："你还没想通吗？"或者，"你家

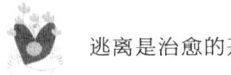

人的行为没什么大不了，你不应该为此感到惊讶。"在这样的质疑中，你自然也会质疑自己，在之前漫长的成长过程中，你总是被操纵着去质疑自己对现实的看法，而现在，你还要被别人重新触发这种想法，这是令人很难过的体验。

人们大脑的思维方式，决定了消极的东西总是比积极的东西更容易让人相信。消极的想法是在大脑中一个特定区域进行处理的，因为它们信息量更大，更难分解。正因为如此，你必须更努力地去确定自己的正义性，让自己一遍遍重温从有毒家庭中分离出来的必要。

如果你身边目前还没人低估你的经历，那你真的很幸运，但鉴于家庭在很大程度上定义了我们作为社会人的属性，有些事情终归不可避免。别人会低估我们的经历，但这并不影响这些经历的真实性。我们可以学习如何坚守对自己来说真实的东西，而最好的方法，就是关注自己的社交和情感状况，并学会驾驭它，这样你就不会在别人的意见、判断和否定中挣扎。下面，我将介绍一个被我称之为"家庭广告牌"的现象，理解这一现象，将有助于让我们快速步入保护自己内心世界的轨道。

抛弃家庭广告牌

在社交环境中，当你仍然与家人保持联系时，哪怕只是微弱的一线联系，都可以让你免于面对上述讨论中的种种审视，因为你拥有一块随身携带的"广告牌"。

这块广告牌上写着你属于某个家庭。几乎每个人天生都有这么一块广告牌，你那些有毒的家庭成员也不例外，区别在于，有毒家人的广告牌会故意以最引人注目的方式呈现出来，上面对外的那一面写满了健康和和睦，避开了唯有家庭内部成员才可看见的操纵。如果你和这些家人保持联系，你会在心理上备受折磨，但这块广告牌会在社交层面保护你。只是在这种情况下，你必须扮演不真实的自己，戴上微笑的假面具，假装"广告牌"上关于你家庭的信息都是真的。你的虚假人设让你免于旁人的审视，但这种表面的和谐，必然是不健康的。

因为害怕失去广告牌带来的安全感，你可能会与施虐者保持联系，这是可以理解的。毕竟从某些方面来讲，与面对来自整个社会的消极评判相比，生活在伪装中可能更容易。然而，有毒家庭带来的痛苦是真实且持续的，虽然在广告牌的作用下，你在某些方面获得了较为容易的模式，但在每个人的内心深处，对于活出真实自我、活成独立个体、坚持做正确事情的热情永不会被熄灭。作为一个渴望身心健康的人，你会强烈地被一条通往真理、正直的人生道路所吸引。

广告牌虽然有诱惑力，但并非不能舍弃。为了不被广告牌绑架，你需要做好以下思想准备：当你切断了联系，不再拥有家庭广告牌时，你本人或许不会为此感到羞耻，但别人有可能因此羞辱你。迈出这一步虽然要面临挑战，但仍然是值得的，因为在你丢弃家庭广告牌的同时，你也从家庭的压迫和操纵中解脱出来了。身为一名幸存者，你要知道，与守着破坏性的家

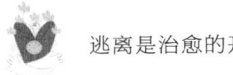

庭一起过虚假、折磨且无意义的生活相比，旁人的评价根本无足轻重，宁可偶尔与这些非议对抗，也远比每天生活在有毒的家庭里轻松得多。

人们总是会去评判与众不同的事物，这几乎成了一种条件反射。如果你选择了和别人不同的道路——逃离有毒的家庭，奋力摆脱这层枷锁——我鼓励你大胆地走下去。与有毒家庭的情感奴役进行切割，过上正当的生活。我很喜欢拉尔夫·瓦尔多·爱默生的一句话："伟大意味着会被误解。"你的疗愈内容，就是在让自己接受这样一个事实：那些没有经历过你所承受的痛苦的人，如果不能接受你在生活中设立的边界，他们就不必接受，反过来，你也不必接受他们的错误评判。如果你买了账，那就是在允许自己被傻瓜愚弄。

反对这些评判可能并不容易，但经验告诉我，这是可能实现的。

作家布琳·布朗（Brené Brown）在《唤起勇气》（*The Call To Courage*）一书中认为，我们的大环境总是会施加压力，迫使我们遵从规定，除非你愿意对抗这种压力，为自己的信仰而战，否则你唯一的选择，就是去过一种匮乏的生活。你大体上是在放弃，因为你认为自己不配拥有更多——不配拥有独立的自我意识，不配远离那些想要操纵自己的家庭成员。布朗还倡议，要反抗更强大的外部文化，你就得大胆去做。

练习题：给自己一点时间，设想一下如果大胆去做的话，自己的生活会是什么样子？而"大胆去做"，对自己而言又意味着要采取什么行动？

切断与有毒家庭成员之间的关系，就是这样一种有效的行动。通往富足生活的道路，其起点往往在于勇敢面对不确定性，敢于承担情感风险，在改变生活的过程中保持自我本色，并相信自己有足够的能力做到这一点。

别人对你的看法，以及社会普遍认知中的正确性，对你而言并不那么重要。重要的是，你能感觉到自己内心的美好，并且不管别人如何看待你，你都愿意勇敢地做自己，从而产生自我价值。

这才是真正的勇敢。

自我治愈 Tip

想要治愈误解带来的创伤，并不意味着要让别人理解你，而是你必须有勇气独自面对一切困难。

以己为家的社交力量

在谈话中，为什么几乎每个人都会频繁地提到家庭相关的话题？因为当一个人和别人分享"自己是谁"的时候，家庭的力量是非常强大的。所有的人，包括你，都是家庭环境的产物。在社会心理层面上，是家庭给了你身份并定义了你，而那些想要知道你是谁并增进了对你了解的人，自然会研究你来自什么样的家庭。

通常来说，深入地了解一个人的家庭，确实有助于明晰他们是谁。请允许我提醒你：你是一位有毒家庭的幸存者，你坚强、勇敢、卓越地逃出了有毒家庭的虐待。

只有当你决定勇敢地靠近生活，并毅然以丢弃"广告牌"的方式获得成长，并为自己的选择为傲时，你才会重新感受到鼓舞和活力。以此作为起点，你会自然地激励别人活出最好的自己，而对那些仍被困在有毒家庭的人来说，你的痊愈无疑给了他们所需要的支持和认可，让他们考虑要给自己更好的照顾。看，你也可以成为代表着希望的榜样，尤其是你在勇敢直面那些否定者的时候。一些人不会赞同你治愈生活的决定，但这有什么关系，这仅仅意味着你在这些人心中不是一个想要学习的榜样。

你或许会因为不公正的评价而沮丧，但你也可以发现被误解背后的隐藏价值，这会让生活变得有趣，并激活你成长的潜能。别人的负面评价可以成为值得你去克服的障碍，能培养出你的韧性，要知道，用长远的眼光看，一个人在生活中总是毫不费力就拥有了理解和安全感，这并不是好事。而你是能克服困境、扭转乾坤的那个人，没错，你做得到！

如同分娩婴儿是件艰难的事，但在经历分娩的过程中，人们将孩子从幽闭的子宫中带向光明人间，这是在成就伟大。与不正常的家庭切断联系也是如此，切断纽带的你会迎来新生。就我自己来说，正是那些被人误解的经历给了我写书的勇气。

我既是心理学专家，又是一个有毒家庭的幸存者，所以，我不只把它作为一项临床课题来研究，而是能充分理解其他幸存者的心理历程，而读者们也能从我身上看到一个最真实且人性化的例子。并且，我还会持续深入研究这个课题。

只要鼓足勇气，相信自己的决定，我们就能从黑暗中重生。以下这些，就是让我们获得重生的一些实用方法：

· 把你的恐惧情绪带到阳光下。

任何你避免感受到的情绪，也都是你需要重点检查的情绪。把它们写出来、画下来，或对它们进行冥想，或通过与信任的朋友或治疗师交谈来解决它们。当情绪获得了一面镜子（另一个人），或一个出口时，它更容易被消化。

· 通过控制"灾难化"倾向来加强情绪调节能力。

总把事情往最严重的方向设想，会破坏你的心理健康。当你的感受超过了实际情况的程度时，你很难不变得过度情绪化。所以，你要时刻提醒自己，在这段重生之旅中没有什么紧急情况。如果你觉得无法控制自己的情绪，那就和别人保持一定的距离，不要急于交流。

· 说出你害怕的东西。

当你感到恐惧时，要确定恐惧来自何方，然后确定这种恐惧是否真实、合理，最后考虑是否需要采取行动来解决或平息它。

· 设想一下可能拥有的积极结果。

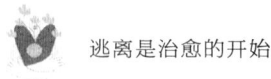

当你因恐惧无法动弹时，可以调动想象，用自己希望发生的更积极的结果来代替消极想法。然后在脑海中重复这个积极的结果，直到自己忍不住展开行动，将它变成现实。

- 相信自己完全有能力平息恐惧。

当你感到无法克服某种恐惧时，可以想象自己是个旁观者，正在目睹自己战胜这种恐惧。在这个过程中，你会知道在面对恐惧时自己有什么感觉。并且，会知道在成功战胜了令人生畏的局面后，自己会有什么感觉。只要你敢想，就能平复恐惧，并且实现掌控局面。

- 往前一步，直面恐惧。

你已经在脑海中演练过了，那么，当你的想象与现实相遇时，你就可以按照早已演练过的内容展开行动。现在，你知道自己能做什么了，心理预演几乎与实际练习一样有用，恐惧让你有机会成为自己的英雄。

- 以逐步面对恐惧来建立对恐惧的容忍度。

面对恐惧是一种日常练习。当你克服了较小的恐惧，比如对一个不喜欢的邀请说"不"，你也就获得了面对较大恐惧的信心，比如对有毒的家庭设定界限。不要寄希望于生活中没有恐惧，没有恐惧我们就无法成长。

现在，在这一章的结尾，我要郑重地重申：你没有亏欠任何施虐者以关注、忠诚度或爱。这个范围，包括你的家人和你社交圈内的其他人。你没有义务对那些虐待过你、羞辱过你的人表达忠诚或爱——特别是，这些人继续无视你的感受和你所设定的边界时。即使那些伤害你的人声称自己是想帮你，也丝毫不会影响你把他们排除在你的规则之外。当你设立了与家庭的边界，你就可以在更大范围的社交圈内设立界限。你可以告诉每个人，你会坚持去做自己认为正确的事，他们可以接受，也可以离开。

一旦你接受自己有这样做的权利，你就开始了治愈。

第二部分 02

逃离,
是
治愈的开始

第6章

关于自我怀疑和"我不配"

理解我们的核心创伤

没有了来自家庭成员的持续的负面影响,你获得了可以自由喘息的心理空间。在这个空间里,你可以明白自己为何会有之前那种"认为自己永远不够优秀"的执念,因为你是在有毒的家庭中长大,你对自己的一举一动、一思一行,以及所有真实反应和内心情感都感到怀疑。这种来自家庭的操纵力,曾持续对你施加强烈的影响,强到你一度担心自己永远也不能摆脱这种控制。

认为自己不招人喜欢或不让人满意,这种自我怀疑的想法会阻止你弥合创伤。

从专业角度来说,如果一种行为模式持续进行且很难停止,我们会称之为"综合征"。有毒家庭的幸存者们,就普遍患上了一种"不够好综合征",并深受其苦。在有毒家庭中,你常常会被指责为问题所在,于是,你忍不住将自我价值完全绑定在让别人快乐和维持和睦上,同时,负面看法仍然会紧紧缠住你。想想看,你是不是早已习惯了在没做错任何事的情况下道歉?在某种程度上,你觉得自己永远无法取悦你所爱的人,也无法获得他们的赞美,你断定是因为自己不够好而造成了这一切。

当你还是个孩子时,为了从家人那里获得爱和安全感,你用尽了方法,结果一无所获。你的心一定受了严重创伤,开始怀疑自己到底有多糟糕,以至于让那些本该爱你的人对你毫无爱意。

这是一种核心创伤。

我们要理解自己所遭受的这种创伤。当你把自己与家人分割开时,这一动态会在你的心灵中留下永久的伤痕,即核心创伤的标志。当与你关系极为密切的人(如家庭成员)的行为给你带来强烈的痛苦,强烈到足以损害你的灵魂时,核心创伤就会逐渐形成。具体说来,核心创伤会带来以下感觉:

- 我不够好。
- 我不讨父母或其他重要家庭成员的喜欢。
- 我古怪、愚蠢、不受欢迎,我无依无靠、丑陋、对别人而言是个负担。
- 我不是坏事做得太多,就是好事做得还不够。

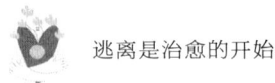

无论你的核心创伤具体是什么，我敢保证，它们都在影响着"你是谁"的观念，以及你每天的行为方式。

练习题：可以给自己一点时间，写下你的核心创伤。描述它们给你带来的感觉，记录下它们影响你生活的具体例子。这些将有助于你退后一步，意识到这些伤痛是他人强加在你身上的，并非你造成的。

每个人在自我怀疑的阶段，都会不知所措。自我怀疑使你无法去感受、相信和完成任何你想做的事情，因此，你也就离不开家庭的掌控。任何有毒家庭的首要目标，都是将每个成员困在这种行动乏力的怪圈中，而这是通过故意制造不安全感来实现的。很多人的童年都是在这样的不安中度过的。

鉴于儿童固有的脆弱性，以及尚在发育中的大脑，加上对经验的缺乏和对家庭的依赖，在他们身上很容易产生有毒的羞耻感和自我怀疑。通过自身的治愈过程，我充分了解到在一个有毒的家庭中，孩子的"不良行为"更可能是针对家人有毒行为而产生的一种健康、自然的反应。不幸的是，当你还是个孩子的时候，你没有办法看清现象背后的本质。在有毒的家庭系统中，恶性的情感游戏取代了能给孩子安全感的时间、爱、关注、养育和情感关系——这些也正是对孩子身心有益的。由于深深的不安全感，你度过了缺爱而充满恐惧的童年，你对"我是谁"这个问题深感羞耻，却始终如陷迷雾，不明原因。

现在，你已经了解到自己为什么会变成现在的样子。**讨好**

别人的习惯，通常是从讨好父母和家人开始的。

是时候改变状况了。**消除心理虐待灌输给自己的想法，是治愈的关键一步。**如果忽略了这一步，即便与施虐者已经分开，在很长一段时间里，你依然会被之前灌输的观点弄得左右不安。反洗脑能帮助你将造成自己核心创伤的痛苦经历进行拆解，你必须识别出施虐者，并仔细审查他们对你故意设计的谎言，然后，你就可以向自己陈述真正的事实。

几乎所有的有毒家庭，在养育子女方面都存在功能失常。当然，并非所有有毒的成年人都经历过有毒的养育方式，也有人会在养育方式良好的情况下成为有毒的成年人，他们的毒或许来自其他因素，比如成瘾、精神疾病等。在那些成年后成为虐待和操纵者的人中，大多数确实是在有毒的父母或监护人身边长大的。以下，就是一些在家庭系统中核心创伤代代相传的例子：

- 养育者偏爱几个孩子中的一个，从而造成冲突。
- 养育者靠"分而治之"的模式制造不安全感，维持对所有家庭成员的操纵。
- 养育者过度纠缠孩子，且过度介入孩子的生活。
- 养育者过度控制与指责自己的孩子。
- 养育者虐待、忽视、遗弃自己的孩子，或者对自己"不得不对孩子负责"这件事感到怨恨。
- 养育者会嫉妒自己的孩子，将其视为令人厌恶的竞争对手。
- 养育者让孩子们觉得自己事事"亏欠"了养育者，甚至在被划定了界限后，他们还是会声称自己有干涉成年子女甚至孙辈生活的权利。

以上这些例子，有些养育者会做出其中的一部分，而有些则全数命中。在这样的围困中，对于有毒家庭的成年幸存者们来说，"爱"成了一个痛苦而困惑的话题，其程度甚至远超童年时期。因此，审视自己的成长经历和被养育的过程，可以了解功能失常的家庭是如何影响自己的，它给你的自我认知带来了不安全感，让你与其他家庭成员之间存在冲突关系。

一个人的社会心理发育情况，会影响其自我价值感。正如苏珊·福沃德（Susan Forward）在《原生家庭：如何修补自己的性格缺陷》一书中描述的那样，家庭对孩子造成的情感伤害，会像化学毒素一样扩散到孩子的全身，随着孩子的成长，他们的情感痛苦也会愈加强烈。通过观察我们在儿童时期的社交和情感发育，可以更全面地理解这种痛苦及其造成的持久影响。埃里克·埃里克森（Erik H. Erikson）提出的心理社会发展理论也会告诉你，你是怎样、何时以及为何产生了自我怀疑的有害感觉，而情感伤害又是如何改变了人的一生。

根据我的经验，一个人只要明白了伤害是何时、何地、因为什么、以何种方式发生的，他就会在治愈的道路上走得更加坚定。

> **自我治愈 Tip**
>
> 尝试调整对自己的看法与感受,是治愈核心创伤的起点。

始于摇篮中的自我怀疑

生命的第一个阶段,是从出生起到 18 个月。在这个阶段,你会判断你的父母/照料者或你周围的外界环境是否可以信赖。如果你得到的照料是持续、可靠的、有规律的,即你的关键需求(被喂养、清洁、拥抱、安抚、保护)得到满足,你就会形成一种与生俱来的信任感。通过婴儿期形成的信任,你培养出了充满希望的美好远景,而你的希望是建立在这样的认知上——当新的挑战出现时,很可能会有人愿意为你提供支持。

然而,如果你得到的照顾时好时坏、不可预知且不可靠,你就会产生不信任感。如果你在一个心理功能失常的家庭中长大,很可能无法产生信任,也不能获得希望。当希望无法形成时,它的位置就会被畏惧所取代。

由此不难看出,自我怀疑的种子是如何被种在了人生的第一阶段。在这个阶段,你的声音是你探索关键信息的唯一工具。如果你嗷嗷待哺,却很少能得到满足,或者照料者在满足你的过程中表现出不耐烦,你就会知道自己的声音并不能影响事情的发展,也不能让你安全且可预知地达成基本需求。在这个最脆弱的年龄段，不信任感会催生出高度的焦虑和不安全感，使你陷入长期的忧虑中。

这种自我怀疑的早期阶段，先于我们学会说话之前，同时，也先于我们拥有独立认知，所以我们不会记得它们。**但是，在这一阶段你的情绪已然产生了。**即使你不可能记得摇篮中的自己每天是怎么度过的，你也可以通过一些基本的迹象，去推测自己的这一阶段是否顺利度过：

- 你是否对爱和亲密关系有着深深的不确定感？
- 危急时刻，你是否相信自己可以依靠他人的支持，还是觉得只能靠自己？
- 你是否会为了缓解恐惧和焦虑，在生活和/或亲密关系中用力过猛？
- 你相信自己的发声有影响他人的力量吗？
- 大部分时候，你是带着积极的希望生活，还是带着恐惧感生活？

给自己一点时间，思考以上问题，并且进行回答。注意，不要只是简单地回答"是"或"不是"，而是要描述这些经历在你的生活中起到什么作用，又是如何影响了你的生活。

如果你的父母无法适当或健康地与你建立联系，从而造成你们情感上的脱节，那么，你很可能无法与他们产生情感纽带或依恋关系。在童年早期，这种在有需求时找不到父母或主要照料者的情况，会导致健康、亲密的照顾与关注的缺失，从而让你在情绪、行为和社会关系上产生问题，心理学家称之为依恋障碍。依恋障碍始于生命的第一阶段，并随着年龄的增长持续加深。由于生命的第一阶段正是为建立健康依恋关系打下信任基础的时候，所以，这也会是依恋障碍逐渐成形的时期。接下来，我将描述不同的依恋模式，你可以由此更彻底地理解哪种或哪些模式与自己最为相关，从而确定自己作为一名成年人，要如何建立健康、安全的依恋关系。

安全型依恋的模式

如果你足够幸运，拥有了与你情感相通的父母，你自然能安全地依恋他们，度过埃里克森描述的人生第一阶段。安全型依恋，意味着你的父母满足了你的基本需求，这让你在人生初始就具备了独立行动的内在保障。你相信人们是支持你的，是伸手可及的，也是值得信任的。这里需要注意的是，即使只有一位抚养者回应孩子的需求，孩子也能建立起安全型依恋，许多单亲妈妈或单亲爸爸所抚养的孩子，也都是拥有安全型依恋的。

具有安全型依恋的孩子长大成人后，其自信是自然而真实的——这种自信不会因在生活中面临极端挑战而获得，但也不会因此失去。他们的信心当然也会有起有落，但在大多数情况下，在各种环境中，这种信心都很稳定。而由情感上自私自利的父母抚养长大的人，就不是这样了。

当然，不是所有依恋关系都是安全的，下面我们就来介绍另外几种依恋类型。

混乱型依恋

在童年遭受过某种虐待的人身上，混乱型依恋表现得十分明显。例如，在非常痛苦的时刻得不到支持，反被孤零零地晾在一边；或是主要照料者为了让你好好表现，使用情感或身体暴力、恐吓及惩罚。这些照料者给你的不是爱，而是漠不关心和羞辱。你会因此觉得照料者随时可能会离开你，你感到自己是多余的。

我父亲就像"化身博士"一样具有典型的善恶双重人格（杰基尔和海德人格），我从来都没摸透过他的想法，而且至今也无法准确预测。我不知道他什么时候会变得好相处，或者这种"好相处"会不会在下一秒就让他恼羞成怒，继而切换到情感与身体的暴力模式。在我的记忆中，在他身边害怕的时候肯定多于安心的时候。他打我们、拉拽我们，把一些原本好玩的事情（挠痒痒或玩笑打闹）硬是弄到让人身体不适的程度；还动不动就大发雷霆。除此之外，他还用奇怪的自然养生理论来操纵和控制我，将我的身体、思想和情绪置于不安全的境地。他虐待我的身体，在我很小的时候就强迫我吃巨大的通便药丸，只为了碰碰运气，万一这样对身体真的有点好处呢？最后，泻药导致我上厕所时便血，可我不敢告诉任何人，特别是他。这破坏了我的消化系统平衡，我因严重的腹痛错过了很多天的课。而当父亲看到我的成绩几乎全部不及格时,他确定地告诉我,我是一个多么糟糕的废物。

而我那时相信了他。

自我治愈 Tip

当无法理解自己身上发生了什么,或找不到答案时,孩子就会自动认为一切都是自己的错。

卡琳娜在很小的时候,就常常被单独留在弟弟身边。对于独自看护弟弟这项任务来说,她的年龄太小了,但她的母亲依然这样做,只为了自己可以和朋友们出去玩,参加派对,以及跟不同的男人约会。卡琳娜被逼成了家里的大人。她还记得,有一次当她发现母亲半夜仍未回家时感到非常害怕,担心母亲是不是出了意外,甚至是不是已经死了,于是她拨通了父亲的电话。当然,她的母亲并没有死,只是喝酒喝到失去知觉,在别人家过了一夜。父亲接到电话,过来把卡琳娜和弟弟带回了他的家,母亲后来则因为她给爸爸打电话而惩罚了她。

静下心来,仔细回想一下你童年时期遭遇虐待、困惑、恐惧或忽视的事例,将它们记录下来,看看你是否对混乱型依恋有所共鸣。

焦虑-矛盾型依恋

　　焦虑-矛盾型依恋的根源是矛盾的父母。在这种养育方式下长大，你永远都不知道下一分钟会发生什么。比如，在我的家庭中，我的父母双方都多次结婚与离婚，其间还和许多人约会过，我和我的兄弟姐妹们见过其中的大部分人。在我们的生活中，父亲大部分时间是缺席的，一旦他出现，感觉就如暴风过境，总是带来小题大做的夸张事件和冲突。他自己来去随意，却要求我们始终把他当作父亲去尊敬。

　　我的父亲不断地向我们展示他古怪的精神信仰，以及他的自然养生"解毒法"。在参加了一次所谓的灵修解读后，他告诉我，我是他前世的情人，这话让我感到被侵犯、迷惑与不适。他还告诉我，母亲今生不喜欢我，是对他前世总是选择我而不是她的嫉妒。他扭曲的自恋令我感到深深的焦虑以及强烈的难堪，我对他的看法因此矛盾起来。我从不知晓他是否爱我，或者有多爱我，甚至是不是根本不在乎我。我也不知道母亲是否真的恨我，是不是真的因为我父亲在前世选择了我而不是她。当时我年纪太小了，无法理解这其中的含义，也想不通这是否纯属杜撰。

　　另一方面，我的母亲把她的恋爱关系永远放在子女之前，还试图掩饰这一点。她告诉我，每当我感到孤独的时候，她"就像《木偶奇遇记》里匹诺曹的小蟋蟀杰米尼一样，坐在你的肩膀上，一直陪着你"。这只假想的小蟋蟀杰米尼，成为母亲可怜的替代品。我的母亲要么热情活泼，要么冷漠无情，她暴躁任性、情感匮乏、抱怨、病态、气恼；她自顾不暇，为她自己耗尽了精力，在她身边让我感到焦虑不安。

在杰克成长的家庭中，父亲与其说是父亲，不如说更像是一个统治着整个家庭的独裁者。杰克的父亲要求家里必须干净、安静、井井有条，但这并不符合普通健康孩子们的生活常态。杰克总是害怕自己会无意中做出什么让父亲大发雷霆的事情，尽管这些事对孩子来说无伤大雅。强势的父亲让杰克深感恐惧。杰克学会了在父亲身边隐藏真实的自己，这样才能在时隐时现的情感暴力中保护自己。直到今天，杰克在父亲身边时仍然会充满矛盾感，他身体紧绷，整个人变得非常安静。这种矛盾心理是条件反射性的，让他高度警惕，谨小慎微。

现在，回想一下你童年时出现的一些矛盾心理，以及那些让你感觉具有不可预测性质的事例。将它们记录下来，看看你是否对这种焦虑 - 矛盾型依恋有所共鸣。

通过这些事例，也许你可以理解为什么自己在成长过程中会感到焦虑和矛盾，这种感受最先是身处家庭成员周围时体会到的。如果家庭所有的行为都是矛盾、伤人而令人不安的，那你就会因此生活在强烈的恐惧、困惑和焦虑中，而非希望与信任中。

焦虑-回避型依恋

焦虑-回避型依恋的突出特征，是照料者在距离和情感上都不到位。通常情况下，这类父母会以"故意拉开距离，会促使你更快成长"为理由，为他们养育缺位进行辩护。随着你的成长，在别人眼里你可能确实显得很独立，但内心深处，每当有人在情感上跟你靠得太近时，你很可能就会深陷一种极端的焦虑中。此外，由于你从照料者那里得到的情感联系过少，也没有人向你展示过什么样的语言或行为算是恰当的——心理学上称之为心理镜像，所以，每当遇到有人描述自己的情绪，或需要你自己描述情绪时，你很难识别、定义、表达与传递它们。

在我的经验中，有两个非常符合这种依恋类型的例子：警官理查德和退休消防员丽莎。他们都是在同一类家庭中长大的：父母为培养出最独立的孩子，只给他们提供最低限度的照顾。成年后，他们俩都和有毒的配偶结了婚，也都经历了离婚，目前他们都已经单身近十年了。丽莎和理查德都感到了精神与情感上的混乱，且无法解释或表达自己的想法、感觉和观点。当他们试图判断自己的感受是对是错、是疯狂的还是合理的时候，他们会表现出强烈的困惑。为了确认自己内心发生了什么，他们都如饥似渴地埋头于阅读和研究，四处寻找资源。然而，因为照料者缺席的程度太高，理查德和丽莎几乎没有心理镜像，这导致了他们不仅害怕他人，也不相信自己能正确地解读自己所处的情感环境。长年以来，理查德和丽莎更喜欢独处，不愿置身于健康的亲密关系中。

他们的经历，是否也唤醒了你的某段回忆？回想一下你的童年，你的照料者在物理距离或情感距离上，有没有过缺席的情况？将它们写下来，看看自己对焦虑－回避型依恋形式是否有所共鸣。

核心创伤对爱的影响

每一种不安全的依恋类型都有自己的创伤层，当涉及亲密关系时，都会在内心深处唤起不安全感和信任缺失，这种感受甚至会贯穿一生。这期间，核心创伤会影响到你拥有的每一段关系，以及你试图建立起的每一段关系。

在功能失常的家庭氛围中，你既无法得到也给不出健康的爱，而因为缺乏健康的爱，你也不知应该如何对待爱。在大多数情况下，我们成年后表达爱的主要形式，来自童年需要却没有得到的东西。你爱别人，可能是为了得到爱的回报；又或者当你爱一个人时，你可能是想用这种爱来填补自己灵魂深处的空虚感；另一方面，你可能会试图完全避免去爱。

当你明白自己曾经处于何种依恋模式中，所有这些就都说得通了。当你去爱的时候，爱来自你的伤口，而非你自身拥有的安全感。即便你成年了，伤口也一直在淌血，让你活在失去爱的担忧中，害怕因为失去爱而置身于险境。有人爱你的时候，你也会感到自信和快乐，一旦这种爱离你而去，你很快就会失去自我控制。你会感觉自己不讨人喜欢，并陷入失落。每当失去爱，哪怕结束这段关系是你自己的选择，你也会觉得这印证了内心深处最深的恐惧——也许家人对自己的看法是对的，自己是不可能被爱的。或许，你还会由此得出另一种怨愤的结论，认为别人对你的爱不够强烈、不够深刻，还不足以鼓励他们克服阻碍与你建立持久的关系。

这种无处不在的不安全感，会影响你生活的方方面面，让你时刻感觉人生艰难。更何况即使撇开爱和依恋的问题，这个世界本身已是变幻莫测了。社会关系影响着我们的幸福感，当内心惧怕爱与依恋时，我们又该如何与他人建立联系呢？我们可以先去了解自己那种强烈而持续的焦虑源于何处，然后努力去治愈它。

自我治愈 Tip

当置身于不安全的依恋中时，你内心最深的恐惧是自己不配拥有那种别人付出时间、思考、努力与承诺的爱。

难以摆脱的基础性焦虑

如果你的家庭充满了操纵和虐待，这样的氛围会让你在今后的生活中也异常焦虑。这种焦虑感的由来，是因为你的整个成长过程都缺少安全感与可预测性。缺乏保障、不确定性和困惑交织在一起，焦虑于是不知不觉地产生了。当我试图了解我所经历的焦虑类型时,却无法在《精神障碍诊断与统计手册(第5版)》或任何心理学文献中找到关于它的描述。我符合焦虑研究或诊断中的某些标准,但没有哪条标准足以囊括我的经历。所以,我自创了一个术语,我认为这个术语对你们也会有用,它就是"基础性焦虑"。

基础性焦虑不是一个脑神经问题,而是一个情感依恋的问题。当你的核心依恋基础不稳定时,你也不可能状态稳定。苏珊·福沃德曾说:"在孩子眼中,不可预测的父母是恐怖的神。身为孩子,我们要听从我们神一般的父母的支配。如果不知道下一道裹挟着无视、虐待或操纵的霹雳何时袭来,我们就会生活在恐惧中。对霹雳的恐惧和不知何时降临的焦虑变得根深蒂固,并随着我们的成长愈演愈烈。"这种成长过程中的焦虑,会导致羞耻感和自我怀疑,甚至在你还没有能力理解发生了什么时,羞耻感和自我怀疑就已经开始滋生了。

自我治愈 Tip

"每一个曾经遭受虐待的人,哪怕长大后取得了很高成就,内心也是一个无力且恐惧的孩子。"

从科学层面谈依恋

如果没有科学来证明依恋是如何运作的,有毒家庭幸存者的手中就只有些主观的理论，而只靠这些理论，难以用一种整个社会都认可的方式去验证自己的经历。出于这个原因，我这里要跳出心理学理论范畴，从科学理论层面进行简单的讨论。

如果我们能用科学来证明自己理论的正确性，就会对内心将要产生的积极变化信心大增。

在一项名为"爱里的恐惧：依恋、虐待与大脑发育"的专题研究中，研究人员证实，童年的创伤经历确实会影响儿童的大脑。有证据表明，随着长大成人，孩子与父母之间的情感脱节会深刻地影响其大脑读取和使用遗传物质的方式。虽然研究人员尚不知晓这些早期经历是如何改变大脑的，但他们可以确定的是，大脑会通过改变其结构、基因表达和功能对此做出反应。

巴塞尔·范德考克（Bessel Van der Kolk）在其著作《身体从未忘记》中的论点，也支持了"儿童具有依恋的生物本能"这一理论。无论父母或照料者是爱你、关心你，还是疏远你、拒绝你、虐待你、对你漠不关心，你都会在试图满足"至少部分需求"的基础上形成一套自己的应对方式。作为孩子，你无法控制你的基因对依恋需求的反应，即使你只是偶尔被满足，甚至干脆完全遭到拒绝，你也不得不寻求对照料者的依恋。就像范德考克所称："恐惧增加了对依恋的需求，哪怕慰藉与恐惧来源于同一个人。"

范德考克的研究进一步表明，生活中的不确定性会给你的压力系统带来显著影响。无法获得保护的孩子怎么可能安心放松？即使童年已经过去很久了，只要有一丝危险，你的应激反应也很容易被重新激活。应激反应使你的大脑回路开始混乱运转,并向你的身体分泌出大量应激激素,具体表现为不愉快的、痛苦的感觉,强烈恶心想吐的躯体感受,呼吸急促,血压升高,往往会导致攻击性或冲动行为。你时刻感到恐慌,生活让你感到失控、精疲力竭。这些反应来自受到创伤的大脑,它们是基础性焦虑的根基。当你被置于超出当前应对能力的、具有压倒性的压力环境或状况中时,就会产生创伤。这使得你无法消化那些本可以帮助你修复创伤的情绪,进而导致了终生性的核心创伤。创伤永远被保存在了大脑深处,这就解释了为什么创伤如此容易被触发。

受创伤的大脑和痊愈后的大脑有何区别?我们可以通过下面的对比进行了解。

受创伤的大脑	痊愈后的大脑
时刻警惕,充满恐惧	能够放松,相信他人
愤世嫉俗的观点	乐观的看法
定式思维	开放的心态
非黑即白	理智客观
匮乏的心态	可能性思维
害怕被评判	自信的态度
擅用有罪推定	支持无罪推定
先攻击,后提问	避免假设,先问清楚

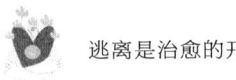

在列表中，你可以看到一个健康的大脑与一个遭受过重大创伤的大脑是多么不同。万幸的是，尽管你在创伤中长大，但并不代表你要一辈子受迫于这样的生活方式，总有一些方法可以疗愈你的大脑。

为了治愈情感创伤，你可以仔细搜检童年的相关记忆，并了解它们的意义，见证它们如何刺激你的压力系统。其中，会持续影响你的那部分记忆，被称为"情绪触发点"，你可以通过它们所伴随产生的恐惧、羞耻和自我怀疑等感受来进行识别。情绪触发点包括但不限于记忆、经历、事件、冲突或焦虑，这些都会引发出强烈的反应，哪怕是在你心情良好的情况下。从本章到下一章，我会提供一系列自我反思问题，引导你识别自己的情绪触发点。在后面的章节中，你将学习如何修复它们。

自我治愈 Tip

虽然创伤会改变大脑，但别沮丧，因为疗愈也一样会改变大脑。

第7章

有毒的羞耻感从何而来

　　有毒的羞耻感，是由所受创伤累积出的、具有毁灭性的经历产生的。有毒的羞耻感产生于人生的第二阶段，并随着年龄增长继续成形。

　　我是个被排斥在家庭之外的人，我很早就能感觉到我的家人，尤其是母亲对我的厌恶。我被视为一个讨厌的人，母亲对我的不屑很快蔓延到了其他家庭成员，他们也都毫不怀疑地认定我"不好"。这种情况一直延续到我的童年之后，甚至在成年后的大部分时间里，我都感觉自己像是经历着一场猎巫行动，我经常被利用、被虐待，并成为别人的替罪羔羊。

　　这种处境所带来的痛苦，极大地损害了我的自我价值感，并影响了我的感情选择，以及我对人生和人性的整体看法。一贯以来，我从家庭里接收到的信息，都让我认为自己不好，是个残损品，是个负担，还处处不合时宜。本质上，我为自己感到**羞耻**。

有毒的羞耻感是一种持续的、非理性的感觉，你会感到自己毫无价值、耻辱并自我厌恶。羞耻感刺入你的灵魂深处，其力量足以麻痹你的理性思维。哪怕最轻微的小事，也能诱发出有毒的羞耻感，挟持你的情绪，让你无法控制自己的情感和反应。而这种在自我管理上的无能为力，会让你的羞耻感更加严重。

有毒的羞耻感虽然棘手，但并不是世界末日。它让你烦恼，但也可以成为你透过谎言看到真相的缝隙。因此，我更鼓励你打开这个"充满虫子的罐子"，一头扎进去，真相就在里面。伴随着真相的，还有自我疗愈以及内心的平和，当你不再被羞耻感玩弄于股掌中时，你的生活将得到全方位的改善。

人生的第二阶段：自主意识与羞耻、怀疑的冲突

根据埃里克森的说法，心理社会发展的第二阶段是从 1 岁半到 3 岁。你会初尝独立的滋味，以及作为一个脱离了照料者之外的独立个体的感觉。但这也是你最容易产生羞耻感的阶段。

在这一阶段里，你的自信、决心与行使自我意愿的想法逐渐发展。埃里克森称："父母应该让孩子在一个容错率较高、充满鼓励的环境中，探索自己能力的极限，这一点至关重要。"如果孩子受到批评、被过度控制或没有机会表现自己，他们就

会感到信心不足，并对自己的能力感到羞愧或怀疑。反之，如果儿童健康地度过了这个阶段，则会产生这样的想法：**我可以依靠自己。**

如果你没能健康地度过这一阶段——无论是因为受到严厉的惩罚，还是因为失败而遭到羞辱，或者是在想要满足自己的需求时被人嘲笑——羞耻感都会在你心中生根发芽。羞耻感很可能是所有情绪中破坏性最大的，因为它不会自行消失。长大成人后，你会尝试通过很多方法摆脱羞耻感，比如把你的处境或自己行为的后果归咎他人，但这也会让你呈现出自恋者的特征。

在有毒家庭中成长的孩子，很多都会带着未能成熟的心智进入成年，就像自己的有毒家人那样。另一方面，他们正因为心智不成熟，如同幼稚的孩子，会对自己所经历的不正常的养育方式产生自然而然的认同。这样一来，羞耻感会进一步内化，他们会认为父母身上问题的根源在于自己，从而陷入自责。

想要脱离第二个发展阶段，不被羞耻感操纵，有以下三条路：

- 拥有健康的自主意识。
- 成为利己的自恋者，将自己的问题归咎于他人。
- 作为一个自我贬低的移情者，主动为每件事的失败而责备自己，并力图取悦他人。

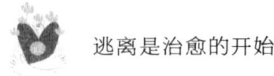

哪一个才是最优选项，显而易见。

想知道羞耻感对自己究竟造成了怎样的影响，请思考下面的问题，并做出回答。依然是老规矩，不要只是简单地回答"是"或"不是"，还要描述这些经历在你的生活中起到了什么作用。

1. 你是在一个容忍失败的环境中长大的吗？
2. 你是否被鼓励去探索，或被允许尝试触碰边界？面对僵化的规则，你是做出反抗，还是只能默许顺从？
3. 你现在是带着冒险精神生活，还是害怕走出自己的舒适区？
4. 作为一个成年人，你被允许拥有独立的思想和生活吗？你的家人是否一边向你施压，让你满足他们的需求，一边又不允许你与他们分开？
5. 你有被羞辱、耻笑或指责的记忆吗？
6. 你能自己做决定吗？还是在行使自己的意志之前，需要其他人先审核你的想法？

到此时，相信你已经清晰地了解了自己在这个阶段是怎样成长的，如此，你就可以开始自我疗愈了。

第三阶段：积极性与内疚感的冲突

埃里克森提出的第三阶段，贯穿了人的 3～5 岁，主题与目的驱动有关。

在这个阶段，你会学习到将更多的创造性想法应用于独立活动中。你变得不那么以自我为中心，而是更加社会化。如果你有机会发掘出自己的创造力，也会产生一种积极性，并对自己领导他人和做出决定的能力感到安心。相反，如果你采取了积极的行动却被压制、批评或控制了，当你产生出自我决断和领导他人的渴望时，也会伴随着内疚感和羞耻感，并与家庭成员们渐行渐远。在这个阶段，你对知识的渴求在增长，开始提出很多问题。如果你的父母将这些提问当作琐碎、烦人、尴尬又恼人的事情，你就会为自己的好奇感到内疚和羞耻。

在这个阶段，假如你有幸接受了健康的养育，就会养成强大的内心意志的美德。若是你成长在一个充满破坏性的家庭系统中，你的积极主动本身就形成了一种独特的背叛。我和我的许多病人都有着被人投以厌恶目光的记忆，在心理学研究中，这被称为"自恋凝视"。这种厌恶的凝视或眼神，可能是你家人最致命的武器之一，它向你传递出这样的信息："你不配。"无须残酷的言语或体罚，只要一个简单的表情，你就会产生深入骨髓的羞耻感。

如果一个人在此阶段被种下了过多内疚的种子，就会产生焦虑，使得自己在与他人互动时变得迟钝，而且，这还会严重抑制在该阶段及以后所应具备的创造力。客观来说，让儿童感到一些内疚是必要的，否则他们就永远不知道如何自我控制，也很难产生良知。然而，过多的内疚感会剥夺人的积极性和归属感。如果你因为害怕做出或说出别人不同意的事情，而学会了沉默不言，就会明白自己的羞耻感是如何在这个阶段形成的——你的羞耻，其实是出于恐惧和投射产生的内疚。

下面这些问题，将有助于你了解自己的羞耻感，请具体描述出与问题所关联的场景和感受，描述这些经历在你的生活中起到什么作用，又是如何影响了你的生活。

1. 你在与恋人、朋友或家人的关系中，是否总觉得自己是个负担？

2. 你是否会对自己所想、所做、所感、所言的一切进行分析？

3. 你是否在接受礼物或赞美时感到尴尬或内疚，但在给予别人礼物或赞美时内心并没有任何不舒服？

4. 生活中的你是否总是试图取悦他人，或者尽量成为他们喜欢的样子？

5. 在你的家庭氛围中，你是否被允许发出自己的声音，或表达自己的独特意见、目标、愿望或主动性？你在当前的关系中，是否拥有这些品质？

6. 你是否会为了避免让人觉得自己"愚蠢"而选择不提出

问题？

虽然我鼓励你进行以上有价值的思考，但我必须承认，回答这些问题会带来一些不适，因为它们会让人感到羞耻和不安。但这种自省是值得的，它将帮助我们充分理解内化的羞耻感和内疚感是如何从生命起点就开始影响自己的。理解这一概念，将为分析自己成长的后续过程，以及今天的自己是如何形成的提供方向。

第四阶段：勤奋与自卑的冲突

人生的第四个阶段，是在 5～12 岁之间。这一阶段的主要任务是培养能力，你需要培养出对自己、家庭或社会有益的技能。

在这个年龄段，许多有毒的家庭成员会过分看重成绩、运动能力、人气或外貌等外部因素。就我个人而言，我的父母自始至终都对外貌非常重视，我常年听到他们没完没了地因为肤色或种族肆意羞辱他人，甚至抱怨他们自己的衰老、肥胖、啤酒肚和皱纹等。每当回顾童年，回想起自己听到了多少负面的、残酷的内容——无论是关于别人还是我自己的——都让我感到很难过。

在这个特定的发展阶段，关于"能力意味着什么"的关键信息会被植入你的脑中。如果你健康地度过了这个阶段，就会相信自己有达成目标的能力。如果你在这个阶段没有被允许或被鼓励，你就可能会对自己的表现产生不切实际的期待，进而感到失望，而不想再主动采取行动，因为你怀疑自己的能力，觉得自己不如别人。

思考下面的五个问题，并做出回答，一如既往地不要只是简单地回答"是"或"不是"，而是要描述出这些经历在自己的生活中起到的作用。

1. 你的想法或兴趣在过去是否得到了家人的支持和奖励？现在的你得到支持了吗？

2. 你是否认为自己没有达到父母设定的某些标准？

3. 你是否曾接收到这样的信号：你可以实现任何你想做到的事？

4. 你觉得你是作为一个完整的人而被爱，还是仅仅因为自己的表现或外貌？

5. 儿时的你是觉得自己有能力实现目标，还是总感到自卑？现在的你呢？

这些思考题旨在帮助你了解"控制"和"权力"的概念是如何在你的生活中运作的，以及这些积习如何影响了今天的你，从而帮助你获得自我疗愈。

自卑感来自人生早期阶段所经历的羞耻感。从人整体的心理和情绪健康角度来说，下一个阶段总是建立在上一个阶段的基础上。而有毒家庭系统的运作，恰是要通过激发他人心中的自卑来实现，这些体系并不是围绕着爱而建立的，而是围绕着家庭权力之争，以及其带来的对家人非黑即白的评价。为了使这个体系发挥作用，有权的一方需要让无权的一方继续保持无权，这就造成了功能失常。你的自卑很可能是被强迫植入你内心的，而不是你对自己的真实感受。

第五阶段：自我同一性与角色混乱的冲突

第五个阶段，是12～18岁。这是一个贯穿了几乎整个青春期的阶段，在这几年里，你会学习在未来如何扮演好一个成年人的角色，而在青春期中，你试图发现自己作为一个年轻人究竟是谁。埃里克森认为，这一阶段中有两种重要的身份正在形成：性和职业。你会逐步确定你的性取向，并探索性本身，你开始考虑浪漫的关系，并体会吸引力的含义。

如果你能健康地度过这个阶段，就会产生一种有关可靠性的可贵品质：将自己交托给他人。这种品质，为你和他人之间的哲学和道德差异留出了空间，也包容了这些差异。但是，若你在家庭或社会中未能建立起同一性，则会导致角色混乱，你会冒出下列充满迷茫感的念头："我不知道我长大后想做什么""我不知道我是谁"，又或者"真实的我没能得到爱与接纳"。

作为一个不清楚自己是谁的青少年，你还可能会出现饮食失调、滥交等情况，或者对家庭或社会结构产生逆反行为。当父母从你身上剥夺你得到健康的爱、鼓励和接纳的机会时，你也学会了从自己身上剥夺同样的东西。如果一个家庭中握有权力的父母或照料者是病态的，那么处于下风的孩子也会呈现病态，这是有规律可循的。若你在青春期为自己的缺爱而痛苦，成年后，它将体现在你糟糕的关系选择上，即你所选择的恋人、伴侣、朋友或工作环境也将从你身上剥夺一些东西，而这些东西，恰恰是你那有毒的家庭环境所缺乏的，比如支持、指引、回报、肯定和欣赏。

  思考下面的问题，并做出回答。不要只是简单地回答"是"或"不是"，还要描述这些经历在你的生活中起到什么作用，又是如何影响了你的生活。

  1. 你是否因为表达愤怒而受到过责备？

  2. 你觉得真正的自己被接纳了吗？

  3. 在青少年时期，你是否违抗过别人的要求？你是否拒绝成为别人希望你成为的人？你是否回避过家人强加给你的责任，不愿配合他们扮演某个角色？你是否拒绝过你那些拥有权力的家庭成员对你生活的控制？

  4. 成年后，你是否继续违抗他人的期望，或从期望中抽身而退？

  5. 在"我是谁"这个问题上，你对自己的身份感到安心吗？

  6. 在"我是谁"这个问题上，你对真正的自己感到困惑吗？

当你觉得自己在一件事情上没有选择权的时候，与别人的要求对着干是很正常的，你在通过这种方式夺回本应属于你的选择权。回顾过去，想一想那些负面条件反射出现时你的年纪——必然十分年轻——你就更容易理解为什么会那么强烈地认为自己"不够好"。如果你从小接受的教育就是"自己低人一等"，那你怎么可能感受到自我的强大？无论你是像我一样反抗家庭，还是默许并遵循僵化的家庭规则，你都得不到自主权。

然而，在我分析了这个阶段的自我后，一切有了转机。我意识到自己是有毒家庭系统的受害者，我的不安全感和各种行为并非我自己出现了问题，而是我所成长的环境功能失常。从那以后，我开始获得自己控制局势的力量。

希望你也能意识到，你不是问题所在，源头恰恰是塑造你错误观念的有毒体系，更希望这个发现能鼓舞你。

第六阶段：亲密与孤独的冲突

埃里克森的第六个阶段，在18～40岁之间。在这个阶段，你会逐渐形成给予爱和接受爱的能力。你开始以更加亲密的方式与他人分享自己，开始与家庭以外的人建立长期忠诚的关系。持久的爱意味着关系中的每个人都愿意为这段关系付出努力，使爱持续下去，并茁壮成长。而"持久之爱"这一美德

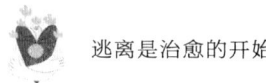

的产生，也就标志着这一阶段的顺利完成。

如果没能成功度过这一阶段，你可能会排斥亲密关系，害怕所有长期的承诺；又或者你可能会不顾一切地抓住爱，却因为抓得太紧而扼杀了它。无论以上哪种方式，都会让你发现一件事——爱会伤人。在有毒家庭长大的孩子常被教导"虐待与爱可以共存"，不幸的是，这种错误的观念会深刻影响孩子成年后对爱的看法。你会坚信伤害你的人也爱着你，因此，作为一个成年人，你会把别人对你的虐待或操纵合理化，将之视为正常。在这种情况下，你所选择爱的人往往也是对你施虐的人，而他们的举动，再次强化了你内心深处有毒的羞耻感，使你对自己的评价直线下降。

思考下面的问题，并做出回答。不要只是简单地回答"是"或"不是"，还要描述这些经历在你的生活中起到什么作用，又是如何影响了你的生活。

1. 你是否会将一段关系的结束视为自己被抛弃，所以格外害怕结束关系？

2. 你是否认为爱是脆弱的，在挑战和挫折下会很容易崩塌？

3. 你相信其他人会为一段感情付出努力吗？你相信他们有解决冲突的愿望吗？

4. 你相信自己可以做出必要的努力，以让爱延续下去吗？

5. 你在关系中，是否总会为了不时之需而设定备选计划？

6. 你真心爱你自己吗？你知道自己是否惹人喜爱吗？

你对爱与亲密的错误看法，全是你那有毒家庭操纵和歪曲的结果。当亲密关系不再为你提供爱或平静的感觉，你要么会筑起高墙保护自己，要么会因为对情感的过度需求，不知如何守护自己内心的安全。想要从常年对爱的扭曲观点中脱身而出，使一切恢复常态，你必须放下对爱的执念，转而正视现实。当你能看清自己的真实情况时，你就会找到通向自己和爱的坦途，也会知道如何在给予和接受爱的时候，内心少一分畏惧。

第七阶段：产出力与停滞的冲突

第七阶段是从 40 ～ 65 岁之间。你有强烈的愿望去创造或培育一件比余生更长久的事，你会想要指导他人，或是努力促成有利于他人的正向改变。你通过养育自己的孩子或培养别人的孩子，积极地产出效益，并愿意通过参与社区活动来回报社会。"产出力"是你对未来最大的期许，也是你对世界做出的贡献，你会因此产生这样一种感觉：自己是广阔生命全景中重要的一部分。

在这一阶段，人们会从对社会的成功回馈中获得成就感；如果不能回馈，则会让人觉得自己在这个世界上的参与是浅薄的，甚至是毫无意义的；如果找不到为他人做贡献的途径，你会变得停滞不前。当你带着有毒家庭强加于你的问题进入这个阶段时，你会感觉自己与整个社会、所在社区以及自己的内心脱节了。

思考下面的问题，并做出回答。不要只是简单地回答"是"或"不是"，还要描述这些经历在你的生活中起到什么作用，又是如何影响了你的生活。

1. 你是否感到自己缺乏目标？
2. 恐惧和有毒的羞耻感，是否让你难以获得自己希望的成功？
3. 你如何将自身的经历变为行善的资本？
4. 你会将生活中的缺憾或不足，视为一种知识或个人成长的契机吗？
5. 你现在能掌控自己的生活吗？如果不能，是什么阻碍了你？

从我自己的经验推己及人，我知道你也可以成功度过这个阶段——即便你是在一个功能极度失常的家庭中长大。现在，我已经能把曾经的痛苦转化为磨刀石、导师和灵感源泉了。我也已然明白，故事结局完全由我自己决定，我相信你也可以做到！

拿出你从失常的家庭中学到的东西，积极主动地去做些事情吧。将内心的掠夺欲望转变成一种强大的使命感，你可以成为给晚辈后代带去平静与心理健康的那个人。

自我治愈 Tip

家庭的功能失常会代代相传，就像雪崩一样，摧毁并掩埋沿途的一切。它会一直持续下去，直到有一个人，也就是你，决定让它停在这里。于是，你勇敢地转身直面冲击。

第八阶段：自我整合与绝望感的冲突

随着年龄的增长（65岁及以上），我们以老年人的身份步入了发展的第八阶段。在这一阶段，我们中的大多数人将步入退休后的生活，我们会盘点以往的生活，并评估自己是否有所成就。这个阶段的成功，会带来智慧之美，使你能够以一种结束和收尾的心态回顾自己的人生，这反过来又可以帮助你更积极地接受和对待生命的行将闭幕。埃里克森认为，如果你认为自己的人生毫无建树，对以往感到内疚和羞愧，或者觉得自己没有实现人生目标，那么在人生最后的这个阶段，就会感到极度不满——这会让人陷入绝望、沮丧，还有深深的无助。

我几乎可以保证，随着你那些有毒的家庭成员走向死亡，你将目睹他们陷入绝望。随着年龄的增长，他们变得越来越糟、越来越痛苦，这不仅是因为衰老，更因为他们所看重的都是错误的东西。在生命的尽头，他们会领悟到自己死后并不会带走自己生前所积累的金钱与地位，没有人会尊崇他们身上那些控制、利用、虐待和欺凌的能力。他们留给最亲近之人的遗产，不是最值得怀念的爱心与和善，而是空空如也。他们会在暴怒中为生命画上句号，直到这一步，他们仍然在抱怨生活的不公，抱怨别人对自己付出不够，并带着歪曲与错误的信念，充当自以为是的受害者。最终，他们离开人世时，会明白家人之所以选择与他们断绝来往，是源于他们自己的无情与残忍。

你肯定不想要这样的结局，而且，当你意识到有毒家庭的危害，并成功摆脱后，这也不会是你的结局。

自我治愈 Tip

你可以选择治愈自己，并在生活中激励他人，治愈他们的创伤。

要改变，永远来得及

随着年龄的增长，你的情绪触发点和羞耻感会愈加根深蒂固，也会更难做出改变。也正因如此，治愈才变得更具有意义。

当我觉得自己能够做出重大改变时，我已经三十多岁了。我清醒地意识到，我从小到大都被那种由羞耻产生的机能障碍困住了。我多次重重地跌入人生谷底，经历过离婚和家庭动荡，最后不得不笑对人生，成为一个经济独立、情感健康的单身母亲。这是一段痛苦、恐怖、羞辱且孤独的旅程，但我做到了。

我清楚地意识到，我必须面对成长环境不健康的现实，而不是继续当一个在家庭功能失常后维持其运转的能手。我不想让"在紊乱中维持运转"成为我与家人或其他人相处的日常模式，我想在生活中体会到情感上的满足。希望我的经历可以给你带来希望，让你知道自己也能改变很多东西。

在下一章中，我们将一起为你规划这条脱身的路线。其中的第一步，就是把有毒的羞耻感抛诸脑后。

自我治愈 Tip

为了获得内心的平静，有时你必须更加主动地行动起来，不再与那些在你的人生中遗留下毒性的人、地点和事情发生联系。

第8章

抛开有毒的羞耻感

从埃里克森的人生发展八阶段理论中,你可以看到,深入精神内核的有毒羞耻感,出现在人生的第二阶段,并会随着时间继续发展。为了清除有毒的羞耻感造成的严重影响,你需要在羞耻感刚出现时就识别它。这件事很有挑战性,因为当羞耻感发作时,你往往无法察觉,你甚至会觉得,它存在于你的生活是正常的。

我们想看清某个东西,首先必须定义它。有毒的羞耻感是什么?它是各种痛苦和有害情绪的混合体,包括但不限于懊悔、难以自持的忧虑、自我憎恨、羞耻和个人价值感的完全缺失。有毒羞耻感可以影响你所有的想法、感觉、行动和交流,包括:

- 低自尊与不断的自我批评。
- 长期反复的自我价值感缺失。

- 自毁行为。
- 长期难以抑制地讨好他人。
- 对并非自己过错的事情,抱有不合常理的内疚。
- 愤怒、防御、讨好或回避型行为。
- 在事业、亲密关系等方面安于低于自身期望的水平。
- 冒名顶替综合征——认为自己拥有的一切并非理所应得,并认为如果人们知道自己真正的样子,就不会再喜欢自己了。
- 不正常的关系模式。
- 对人的普遍怀疑或不信任。
- 羞耻焦虑——长期惧怕遭遇羞辱。

羞耻感带来的操控力,强悍到让你无法体验生活中美好的情感状态,比如信任、满足、快乐、自由、爱、成就感、创造力和幸福。但从我个人的经验,以及我在客户身上看到的疗愈过程来说,有毒的羞耻感是可以治愈的。

我们可以成为完整的自己。

治愈有毒羞耻感的良药——重新审视完整的自己

追求自身完整性,是人类经验中最自然、最本能的一种渴望。然而,完整性的概念常常被误解。它并不意味着永远生活在幸福、快乐、平衡、接纳、安宁或爱的状态中,这是乌托邦

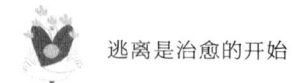

里才有的景象。虽然我们都知道平衡、安宁和幸福是美妙的，但它们只是"完整"的某个组成部分。

完整性，依其定义，意味着集合所有合乎实际的组成部分。要活出完整的自己，你不仅要接受自己好的一面，同时要将自己的艰难、悲伤、疯狂、恐惧和愤怒兼收并蓄。真正的完整包括好的与坏的、怨恨与感激、破碎的与愈合的、美丽的与丑陋的，还有爱与痛苦。

"完整"表露了人们毫无掩饰的人性。作为一个人，我们中的大多数人最大的愿望，就是以我们完整真实的面貌而为他人所爱，而非仅仅因为我们身上有某些更讨人欢心或令人向往的东西。如果你仅仅是因为能讨人欢心才令人向往，那你就不是完整的，你呈现的是一个局部的、编造的自我。

自我治愈 Tip

你值得被爱，尤其是在你不够完美的时刻。

编造的自我

对于生活在有毒家庭中的人来说，虐待和操纵从生命伊始就存在了。你很清楚，那些有毒的家人总在不断变化着规则和他们的需求，为了获得爱，你不得不假装成你自认为应该扮演的那个角色。在这样的经历中长大，即使之后转到一个更健康的环境中，也很难自然舒展地成长，而是更容易相信编造的自我。

什么是编造的自我？生活中，你试图对除自己以外的所有人都尽可能地好，你担心别人怎么想，担心别人是否认同你，这会把你困在讨好者的身份中——成为你所编造的自己。

羞耻感造就了你所编造的自我。编造的自我产生出悲伤或恐惧，带来难以抗拒的空虚、无望、贫瘠和孤独等情绪。为了生存，我们经常会忍下这些感受，继续扮演编造的自我。当你想寻找通往完整性的道路时，可以从卸下编造的自我开始。

练习题：给自己一点时间，仔细想想你是怎样成为编造的自己的？你是否把自己的一部分变成了你以为别人想看到的样子，为此牺牲了你的真实愿望？

只有当你从损害自己幸福和发展的家庭逃离时，你才有机会弄清楚自己是谁。即使你开始独立生活，可能还是会在一段时间里下意识地生活在他们的支配下，别恐慌，这是正常的。

当你想要告诉一个人你对他的真实看法时，内心却总担心对方会有怎样的想法和反应，这是情感虐待带给你的第二天性。在一个有毒的家庭中，你会因为自己的诚实而被排斥和厌弃，也正因为这种常态，当你开始疗愈时，你会因为不想失去他们的爱而内心翻滚起伏，让你非常痛苦。

在我以往的生活中，我从未经历或想象过任何人的冲突能以彼此理解的形式告终；在我成长的过程中，每次矛盾的结局，都是我被人厌弃。这让我以前非常害怕与人交流，以至于在必须交流前，我会感到身体不适。

在有毒家庭中长大的人，会变得很怕表达自己的需求与关注，甚至根本不愿将这些告诉任何人。可悲的是，这样做的话，你更不会被人看到，其他人也无法知道你需要什么或如何才能帮助到你。

亚当由一个极度有毒的母亲抚养长大，所以他很难相信别人，也很难相信别人对他的意图，基本上都是独来独往。多年来，亚当一直独自生活，尽管与邻居们关系友好，却很少交流互动。有一次，邻居们邀请他参加超级碗（职业橄榄球大联盟的年度冠军赛）派对。那一年，亚当对两支球队都不是特别喜欢，他真正想做的是待在家里，修缮自己的房子。这次聚会的邀请让他极度焦虑，亚当担心邻居们看到他的车停在家门口，会觉得被他拒绝，或者对他进行评判，认为他是一个"不合群的怪人"，宁愿独自待着也不愿参加他们的聚会。为了缓解这种焦虑，亚当放弃了自己的房屋工程计划，去离家很远的酒吧看了一场他根本不感兴趣的超级碗。

请注意，亚当并不是个懦夫。他在刑法领域有很深的造诣，参与了许多备受瞩目的案件，然而，在这一刻，潜意识控制了亚当，并在情感上挟持了他。他违背了真实的自我，以避免邻居会如他预测的那般评判他、厌弃他。

有一个被幸存者们挂在嘴边的非正常话题：如果不去做别

人想让我做的事,我就会失去他们的爱。这论调听起来是不是很熟悉?

练习题:给自己一点时间,仔细想一下你是谁;如果忠于自己,你的生活和人际关系会是什么样子。

不断努力取悦他人,成为他们想要的完美形象,同时知道这样做仍然不能保证讨到任何人的喜欢——这需要耗费你巨大的情感能量,会让你精疲力竭。你肯定不止一次为此气恼不已,并憧憬能毫无顾忌地做自己。

自我治愈 Tip

违背真实的自己会让你生活在怨恨中,而其他人甚至不知道你在遭受痛苦。

寻找真实的自己

想要以完整的面貌去生活,你就必须揭开自己童年故事背后的真相。通过对自己成长经历的挖掘与审视,你将重新发现你的"真我"。

成为"真我",意味着你不用再费心取悦他人或按照别人的标准生活。你不用再做任何妥协,可以依照自己的本性而活。然而,寻找"真我"要做好一个重要的思想准备,那就是你很可能在获得解脱之前,会先唤醒自己的痛苦。想要发现真

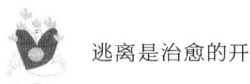

实的自我，就要清除那些如蛛网般繁复的错误信息，忘记别人对你的定义与苛求，以及降低你为保护自己而建立起的防御。

在刚开始解读家人对我错误地叙事时，我感到非常愤怒。我的家庭成员最常用的谎言就是他们都很好，而我很恶劣，我曾由衷地相信这个谎言。因为当时我还是个孩子，孩子是没有经验去判断一句话是不是谎言的，于是我相信了家庭成员告诉我的一切东西。"坏"是我在这个家里被赋予的假定角色，若是没了我这只替罪羊，没了一个可以推卸责任与随意挑剔的对象，家庭系统中的"毒"又怎么能发挥作用呢。必须至少有那么一个人去遭受挑衅和操纵，这样就可以把他视为家庭问题的源头了。这种安排，让其他家庭成员的虐待行为都可以因此免罪。

我并没有主动选择这个角色，我相信你也没有。"替罪"使真正的受害者被视为了作恶者，而真正作恶的人倒成了受害者。

练习题：给自己一点时间，仔细回想那些由家庭成员加诸你，且你真的相信过的不实看法。

如果你出现在那些对你形成内耗的家庭成员面前，并表现出生气、坦诚、对抗、愤怒或渴求支持的姿态，会发生什么？大多数幸存者会发现，虽然自己表达出了不同的情绪，却因此被打上了"问题"标签，而自己最为需求的爱，始终无法获得。

有毒的家庭成员会完全拒绝检讨或承认自己给人造成的痛

苦。从你自己的经验中就可以得知，对于你掩盖在生气、坦诚、对抗、愤怒或渴求支持之下的痛苦，他们总是故意忽略。他们对你哭着喊出的事实不仅不予理会，反而把矛头指向你；他们不关心你，也不关心你的感受，而是故意避开你。

莎朗与我分享了一个故事：在她十几岁时，在一次争吵中，她告诉母亲自己恨她，直到今天，她的母亲仍然夸耀自己对莎朗的回应是："你可能恨我，但我会永远爱你。"表面上听起来很不错，对吧？但这个故事里有一个隐藏情节，那就是莎朗的母亲是如何深深地、恶意且故意地激起莎朗的这种负面反应的。母亲挑起了莎朗对她的仇恨，这样她就可以反将一军，把焦点转移到自己是个"好妈妈"上。此外，莎朗还说，她的母亲通常会在一些公开场合讲述这个故事，因为母亲认为这是她养育孩子的一个高光时刻。

这是让莎朗成为替罪羊的最佳方式。莎朗的母亲喜欢编造虚假的故事，将自己说成是一个无条件宠爱孩子的优秀母亲，而莎朗则是一个可怕、可恨又失控的女儿。事实与此大相径庭。

莎朗成年后，每当她感到母亲不能接受或理解自己的感受时，就会无不讥讽地回应："在你眼里，我说什么都是错的，做什么也都是错的。"莎朗可真是最完美的替罪羊。从莎朗童年到成年，面对莎朗消极的感受，母亲的回应没有任何改变。值得庆幸的是，莎朗已经意识到，每次她将关于母亲的这些事实

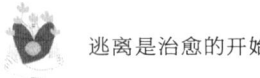

摆上台面，她的母亲就会做出这种反应，以此来操控她。这种互动令人抓狂，不幸的是，我们的很多亲人恰恰就是如此。

要辨别家庭成员"有毒"并不总是困难的，真正痛苦的是接受他们"有毒"。接受他们就是这样的人，接受他们就是这样行事的，并且现在他们是这样，将来也会如此。这种现实让你产生了深深的失落与无望，因为接受这个事实，往往标志着两者之间关系的结束。但是，仅仅接受了事实，并不意味着你与家人的情感关系真的就此结束了，哪怕你已经切断了与他们的联系。要接受家人真实的样子，其中一个重要的步骤就是"知晓自己在情感上将永远与他们有所关联，与他们已造成的伤害有关，也与自己改变处境的渴望有关"。"改变"是指在建立起边界之后，你已经将与施虐者的关系置于沉默状态，不再有争论、情感游戏、操纵、流言，也不再有言语或身体上的接触，你不再被排斥，也无须再为自己辩护。这种情感上的沉默，会很大程度上减少你的家庭在你的生活中继续制造混乱。

切断联系之后，你便有了空间去寻找、发现、挖掘和复原真实的自我。你也有了空间去学习如何疗愈羞愧与内疚，成为完整的自己。尽管在那样的原生家庭长大，你如今却成为独立而坚忍的人，是时候开始为现在的自己喝彩加油了，这是你需要的鼓励，也是你应得的赞许。

> **自我治愈 Tip**
>
> 调整心态以适应没有虐待者的生活，比调整自己的行为去配合虐待者的无礼更有益于身心健康。

恢复你的个人权利

为了找到通向完整"真我"的道路，你必须审视你身上因为遭受羞辱而产生的痛苦和不安，重新定义你的个人权利——那些正当且必要，但由于不被允许而从未建立起来的个人权利。

在有毒的家庭氛围中，只有压抑住真实的自己，他们才容得下你。只有为他们的虐待行为背负责任时，你才融得进他们。你被迫站上舞台，扮演一个不正常的角色。随着时间的推移，你会被这个角色带来的羞耻感击垮。你就像一个毫无价值的演员，每天承受着不公规则和虚伪游戏带来的愤怒，你的内心在压抑中慢慢死去。你觉得自己不得不遵守不公平的规则，因为这似乎能保住你唯一的安全感：你的家庭。与此同时，你的家庭成员正因他们堪比奥斯卡获奖者的出色演技而广受尊敬和赞扬，他们似乎在告诉所有人——应付像你这样难以相处的人，对他们而言是多么困难和伟大的一件事啊！

除非你自己选择走下舞台，抛弃所扮演的角色，否则永远无法实现真正的治愈。**如果你被禁止做自己,你就不可能真正爱自己**。当你在舞台上表演时,你可能会适应戏中的身份,但你依然是在被编造的自我外套下行事。这部分的你具有迷惑性与欺骗性,因为它并不真实。只要你还站在这个舞台上,"做自己"就只是一场表演,而不是真实的存在与拥有。在你的家人面前,你必须克制住对他们的愤怒,这种不真诚的操纵游戏是你不安的发源地。所以,你要走下舞台,捍卫你展现真实自我的权利。

你应当从本来就不属于你的羞耻中解脱出来,应当感受到自己是重要的、有意义的、不可替代的,也是有价值的。你值得被尊重,你的需求应该得到满足,你值得拥有那些你不曾得到的东西。

基于你生而为人本就拥有的个人权利,我为你制定了以下策略,它们能帮你治愈有毒的羞耻感,恢复你的个人权利。

- 给予自己在成长过程中从未得到过的时间、爱和关注。把时间花在你觉得可以滋养自己的事情上。
- 忠于自己,打破那个拼命想融入的编造的自我。想象一下,如果你不怕被拒绝,不怕被孤立,不怕别人对你存在潜在的负面评价,那你会成为一个多么自信无畏的人。想象一下这样的自己,然后每天一点点向着这个愿景迈步。
- 改变身体姿态,是一个可以增强自信的简单方法。有证据表明,微微挺胸,抬起下巴,打开肩膀,将有助于增加你大脑中负责产生能量和幸福感的化学物质。

- 与人充分沟通你的需求、愿望和情感，并在此基础上建立起你的自我价值体系。当你和人交流以上内容时，学着发挥自己的感染力，而不要在沟通时对自己的需求感到抱歉。礼貌而直接地告诉别人你需要什么，学会用更精简有力的词语表达自己的观点，而非长篇大论地去赘述。

- 当你在一段关系中过于努力时，要对此有所觉察。当感觉一段关系中所有的事情都是你自己在付出时，请你停下来，后退一步，在自己与对方之间留出一些空间。在大多数情况下，对方会注意到你的变化，并自然而然地开始向你付出更多。如果对方不这样做，对你来说，这段关系就是不合适的。结束这种关系不是什么致命的事，请不要如临大敌。

- 提醒自己，不必事事做到完美。当你陷入焦虑，觉得自己需要变得完美时，花一分钟时间想想发生了什么，对自己说些安抚和宽慰的话，并且提醒自己，人是不可能也不需要完美的。老实说，你变得越"完美"，在别人看来你就越不容易接近，正是你的不完美让你更有亲和力，也更加可爱。毕竟，和一个自认为完美的人在一起，通常毫无乐趣可言。

- 仔细审视那些你拒绝回想却总会被触发的情绪和回忆，然后根除它们。当触发点来临时，不要拼命遏制，而是任由它们来，这样你才能花点时间去观察它们。每当情绪触发

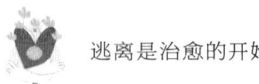

点出现时，你就会得到一条可供学习的经验。如果一件事或者一个人总是成为你的触发因素，就意味着你需要与之设定一个界限。

- 努力摆脱剥削和忽视型的亲密关系。一段单向奔赴的亲密关系，是对你有毒原生家庭的直接重复。留意正在发生的事情，通过做记录来确定你的感觉，并开始与你认为可能在利用你的人保持距离。提醒自己，你值得拥有更好的。

- 治愈对孤独的恐惧，这些恐惧会促使你服从并维持不健康的关系。毫无疑问，孑然一身是可怕而孤独的，然而，在一段不健康的关系中，你可能同样孤独，甚至更加痛苦。很多时候，由于家庭关系的疏远，我们会紧紧抓住任何可以填补我们内心缺口的关系。如果你独自一人，那就转变心态，想象自己不是一个人，而是有自己为伴。当你能享受自己的陪伴时，你就不会再那么依赖亲密关系了，更不会把它视为满足自己的唯一方式。

- 告诉别人你的失望、沮丧和愤怒。与他人交流是你的权利和责任，没有交流，关系就得不到成长、治愈与改变。你必须承担可能会受到伤害的风险，去建立对你有益的关系，因此，你尽可以按照你的真实意愿去表达。

- 练习用"谢谢""我听到了"或"你可能是对的"来代替百般辩解。你来自一个有毒的家庭，在那里你就像生活在一场永无休止的诉讼案中，因此，你会比一般人更容易进入防御性的辩解状态。与其说你是不能容忍自己的错误，不如说你是因为有过把谎言当成事实的经历——尽管你曾试图纠正这种错误，却毫无效果。当你想要为自己辩白时，你很难区分内心的激烈反应是因为被触发了过往的经历，还是真的想要开启防御。为了管理你的防御能力，你可以练习说"我听到了""我在听""谢谢你的分享"或"我会考虑一下"。当你在自己的空间里时，你可以处理好情绪，明确自己的立场，然后回到对方那里去分享你的见解。

- 认清自己对羞耻的下意识反应。当你感到有强烈的羞耻感突然来袭，那肯定是有什么事触发了你的创伤。集中精力，阻止自己的思绪陷入一个接一个堆叠起来的消极想法中。你只能通过检验去终止羞耻感，只有当你镇静下来，才更容易对羞耻感进行拆解和理解。理解，会让你重新回到治愈的道路上。

- 承认让你坐立难安的焦虑，并试着慢下来。焦虑会像森林大火一样迅速蔓延，让你失去控制。当你开始焦虑时，允许自己去感受它，同时通过自我对话提醒自己："焦虑会扰乱我看清事物的能力。"只要在自我对话中加入这一提醒，往往就足以缓解焦虑。

- 以积极的想法取代自我羞耻的想法。成长的过程中，你的内心逐渐形成了一个羞辱型的自我批评者，要想避免自己成为生活中新的施虐者，你就必须努力改变与自己对话的方式。将自己试想为自己的孩子，如果你不会选择用现在和自己对话的方式与你的孩子说话,那就停下来,也别这么对待自己,然后,用你和自己小孩说话的方式来对待自己。

- 避开增加你的羞耻感的人,即那些批评、贬低和羞辱你的人。如果你想减少羞耻感,就必须识别出那些给你造成羞耻感的人,将他们清理出你的生活。你不需要在生活中维持羞辱型的关系或环境,我保证,无论你放下的是什么,都会有更好的东西填补上它留下的空缺。
- 通过按摩、锻炼、瑜伽或冥想来释放身体的紧张。有毒家庭的很多幸存者,往往会无意识地通过精神压力将过往的情绪与痛苦留存在身体里。许多人会患上哮喘、慢性头痛、胃病、睡眠问题、咽喉疼痛和自身免疫缺陷,而以上练习将对缓解压力很有帮助。
- 坦然接受并拥抱来自他人的爱与善意。当真正的善良和爱出现在你眼前时,请不要羞涩与迟疑,张开双臂欢迎它们,我相信爱可以治愈一切。

被家人关注、理解、认真对待与尊重,是每个孩子的正当需求。如果现实中你的这些需求没有得到满足,就必须学会坚定自己的立场——被那些你选择留在你今后生活中的人的关注、理解、认真对待和尊重,才是你需要且对你来说重要的。除此以外,你问心无愧,你已经为爱投入了所需的情感,对于那些虐待你的人,你也并不亏欠。你不能回到过去,改变自己当初没有得到的东西，然而，你有能力决定谁可以出现在你如今和未来的生活中，你可以选择自己被如何对待，并将对生活的无力转变为积极的掌控。

我希望你成为更加诚实、尊重他人的人，也愿你能更清晰地意识到你是谁，以及你的家庭给你带来的负面影响。不要忽视发生在自己身上的事情，也不要任由别人为此开脱，睁开眼睛看看明目张胆的双重标准对家庭和整个社会造成的危害。双重标准如下：在道德上，切断与家人的联系是错误的，但与非家庭成员的施虐者断绝来往就是可以接受，甚至是值得鼓励的。同样是人类，施虐的家庭成员不应该被赋予更多的赦免权。一旦你具备上述意识，就可以有效降低对自己和他人的破坏性。而且也只有先忠于自己，你才会知道如何去爱，又如何被爱。

对于那些在操纵型家庭长大的人来说，学习忠于自己并非易事。扭曲的家庭关系会影响人的一生，如果我们真的想要安然度过余生，就要学会不贸然排斥一切关系。很多人为了保护自己，会经常从关系中抽身离去，这样的离去通常不仅没有必要，而且正相反，你需要不再排斥爱情和亲密关系，并从健康的关系中疗愈自己。当然，面对不健康的关系，比如他人对你的不尊重，你还是无须长期容忍，并且需要尽快逃离。

在过去很长时间里，应该没有人教你怎样去相信自己的直觉，因此，你对于留下、继续尝试与离开的界定，很可能非常模糊。如果你曾有过待得太久、离开得太早或根本不依恋的情

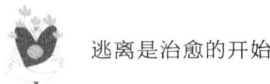

况,这往往是复杂性创伤后应激障碍(CPTSD)造成的结果。皮特·沃克(Pete Walker)在其《复杂性创伤后压力症候群:在童年创伤中求生到茁壮的恢复指南》(*Complex PTSD From Surviving to Thriving*)一书中,将复杂性创伤后应激障碍定义为"创伤后应激障碍的一种严重形式。若你没能健康地度过心理社会发展阶段,就会产生这种综合征"。

区别于更为人所知的创伤后应激综合征,复杂性创伤后应激障碍有五个最难处理的特征:情绪闪回、有毒的羞耻感、自暴自弃、恶毒的内心批评者和社交焦虑。此外,复杂性创伤后应激障碍症候还包括情绪的触发等其他核心创伤反应。下面,我们逐一分析一下复杂性创伤后应激障碍五个最难处理的特征。

1. 情绪闪回

情绪闪回,是指持续地落入到因被虐待、操纵或抛弃等引发的难以承受的情绪状态中。此处的情绪状态,包括但不限于绝对强烈的恐惧、羞愧、疏离感、慌乱、愤怒、悲痛和沮丧。当被恐惧压倒时,你会感到非常焦虑和恐慌,有些人甚至会产生自杀倾向。当被绝望感淹没时,你可能会感到深深的麻木,身体僵在原地无法动弹,或是想躲到与世隔绝的地方去。无论触发这些的诱因的具体事件是什么,你都会回到一个更加倒退的心理状态,会感到自己更加脆弱、渺小、缺乏经验、无能为力。这些被触发的情绪状态,会最大限度凝结成尖刻恶毒的耻辱，以及诸如"我到底出了什么问题""我为什么要这样""为什么爱我就这么难"之类的消极想法。

2.有毒的羞耻感

如果在成长过程中，每当你表现出对爱与情感联系的需求时，你的父母、兄弟姐妹或其他家庭成员给出的反应都是蔑视或恼怒，就会导致你陷入深深的不安全感与情感脱节中。有时甚至不用通过语言，家庭成员的眼神与行为中蕴含的蔑视，对儿童来说就会造成创伤，即使对成年人而言，这也算得上是一种伤害。蔑视是一杯调和了语言与情感虐待、诋毁、刺激、厌恶或愤怒的有毒鸡尾酒，可以弱化或控制他人。一个愤怒的家庭成员是可怕的，一个对你表现出厌恶的家庭成员会给你带来深深的羞耻感，羞耻感让你不再向家人寻求情感联系或关注，因为你不想再品尝被拒绝的痛苦。

3.自暴自弃

功能失常的家庭氛围，会阻碍你在建立联系和获取认同方面的正常需要，即使你作为一名成年人，也会有此隐患。情感上的忽视也会产生类似的效果，如果你一直被家人忽视或推开，你就只能在没有任何外在支持的状态下独自面对恐惧和无助。自暴自弃时，你会积极地压制、忽略与抗拒你真实的面目，以及你的个人权利和需求。由于你的需求长期不被允许放在第一位，那么当出现需求、愿望或欲望时，你就会自行决定不去满足它，反倒把满足别人的需求和标准视为自己的分内工作，只因你觉得这对自己的家庭系统十分重要。

4.恶毒的内心批评者

生命开始之时，我们每个人都是自己小宇宙的中心，在那里，我们以独一无二的视角——我们自己的视角——解读发生在自己身上的一切。如果你是在爱和鼓励中长大的，被视为世界上最可爱的所在，你就会相信你所感知到的一切是真的，并对此深信不疑。也正因此，当来自外界的信息与这一信念相左时，你会感到愤怒，这是因为这种负面信息与你从健康养育中了解到的自己不相符。这种愤怒帮助你保持原有的、积极的自我形象。

反之，若你在有毒的环境中长大，你的自我意识很可能被他人的蔑视所摧毁，这让你很容易相信并全盘吸收来自外部世界的负面信息。由于这种内、外部负面信息正好形成了一种匹配与印证，导致你在遭受不公时，就算知道自己应该反对，也做不出来。

事实就是这样：**在有毒的家庭系统中，家庭成员们不会为他们对你施加的虐待承担任何责任，而你成了自己最大的敌人。**

恶毒的内心批评者让你听到的负面信息与内心的批评形成了一致，这种批评早在你婴儿期就开始形成。令人遗憾的是，你的每一段关系和互动模式，都会受到这种自我批判与局限性认知的影响。自我批判给你贴上了大量的负面标签，当想要撕掉它们时，你发现十分艰难。下面这个表格，将有毒家庭和健康家庭中出现的标签进行了比较。

有毒家庭系统中的标签	健康家庭系统中的标签
专横的	天生的领导者，富有想象力
挑衅的	拥有强大的信念，大胆的，果决的
难以满足的	知道自己想要什么，直率的
举止夸张，爱作秀	富于表达，有热情
胆小的	谨慎周密，洞察力强
挑剔的	有明确的个人喜恶
多动的，不消停	精力充沛，充满激情，马不停蹄
容易冲动	直觉力强，会主动出击
对立对抗	提倡不同的观点
叛逆的	寻找自己的路
固执倔强	坚持不懈，坚定不动摇
多嘴多舌	喜爱交流
搬弄是非	寻求公正，尊重规则和公平
没有重点	能进行多任务处理，可同时关注很多事
博取关注	提出需求，寻求情感联系

> **自我治愈 Tip**
>
> 负面的标签，会让完美无缺的人们也坚信自己是破烂不堪的。这糟透了。

5. 社交焦虑

成长在有毒的家庭系统中，你会对人产生一种根深蒂固的畏惧。由于在情感上受到虐待，那些创伤与背叛会让你生出厚厚的防御层，把自己裹在其中。这身盔甲深刻地影响着你对那些渴望亲近你的人的看法。这并不是说你害羞或是会在社交场合故意刁难别人，而是你会迫切地想要保护自己。而你也会常常因担心别人对你有看法或误解你而饱受折磨。

我知道，在社交方面要想辨别什么时候该放下戒备，什么时候又该保持警惕，是件颇具挑战性的事。我的建议是：要给别人获取你信任的机会，同时，如果还没有看出有与对方设定界限的必要，就先不要太快地对他们以及他们对你的评价进行评判。你要相信一点，那就是只要和一个人待在一起的时间足够长，他真实的样子就会水落石出。

用"3C法"治愈复杂性创伤后应激障碍

对于治愈复杂性创伤后应激障碍，很多研究者都提出了"重建联结"法，这确实是一个十分值得掌握的技巧，能帮助你获得那些没能从家庭成员身上得到的东西。例如，当你身陷情绪闪回的痛苦中时，你可以用更积极的内容来替代内心的负面评判。

此外，我建议你还可以训练自己使用"3C法"（catch it—check it—change it，即察觉—检查—改变）来打破来自你童年的负面影响。

具体说来，当感觉自己开始陷入闪回的情绪状态时，你可以：

1. 察觉。能意识到自己当前正在进行消极的思考。

2. 检查。检查自己的想法，寻找证据，问问自己，你的想法和情绪是仅仅来自今天的环境或创伤，还是将以往发生的事投射到了今天，或者二者皆有？当你检查自己的想法时，可以再深入一个层次，检查一下你的思维方式是在帮助你，还是在阻碍你。

3. 改变。如果你发现自己的想法很大程度上来自过去的创伤，而你的关键需求现在已经得到了满足，你就可以改变你以"畏惧"为核心的想法，用更积极、更能反映事实的叙事来替代它们。

"3C法"给了你一个实用的公式，让你的思想与爱、同情、耐心和理解等重要的内在语言重新建立联结。它能帮助你逐渐养成思维的灵活性，训练你重新掌控情绪反应，不让自己在任何情况下做出冲动的决定。你越积极地练习与自己进行正面对话，就越能从根本上改变你的生活，使之变得更好。

通过"重新养育法"治愈复杂性创伤后应激障碍

要帮你走出情绪触发点，"重新养育法"——为自己提供那些你从家庭中未曾得到过的关心与照顾——也是一种行之有效的方案。你可以学会为自己扮演"健康的母亲"和"健康的父亲"的角色。需要注意的是，在现实生活中，母亲和父亲的角色通常融合了"养育者"和"保护者"的品质，这些也都是我们需要扮演的基本角色。在本书中，我们关注的焦点虽然是父母，但你学习到的整套方法，也可以应用到对你成长有负面影响的其他家庭成员身上，比如兄弟姐妹。

在你重新养育自己的过程中，请你以任何你想赋予它们的形式，将这些基本能量结合起来。你可以把它们想象成有性别或无性别的人类或动物，甚至可以想象为灵魂、天使或神明。

健康的阴柔/母性能量

我们本能地渴望并需要获得阴柔/母性能量，因为这里面蕴含着悲悯以及无条件的爱与支撑。通常来说，与母亲相关的创伤不仅令人分外疼痛，甚至可以说是所有创伤中最痛苦的。

没有母亲的爱，你就失去了那种犹如防护墙般环绕着你的柔软、温暖与依靠。健康的母性能量给了你人生中第一份爱，它将你拥入双臂中，保护你、养育你，减轻你的恐惧，抚平你的痛苦。母亲是世界上第一个会为你专门开辟空间的人，并且是为了满足你独有的目的。她让你明白自己真正的价值，鼓励你成为与众不同的自己，从人群中脱颖而出。她为你的幸福而战，给你力量，让你永不放弃自己真实的样子。

来自母亲的健康呵护，其目的是建立一种根深蒂固的信念——你很重要，你值得被无条件地爱着。对于许多幸存者来说，我们的这部分自我价值没有得到培养与发展。

写日记可以为自己提供母亲般的呵护。当你需要向人倾诉时，"想对妈妈说话"是一种自然的本能，因为她似乎是那个永远不会评判你的人。如果你的母亲是有毒的，或者她不能从其他家庭成员的虐待中保护你，她恐怕就不会成为你的求助对象。此时，日记就可以作为一种有效的替代品。在日记中，你内心世界的每一种声音会被无条件地接受，就好像你有一个健康的母亲那样。当你写日记的时候，你是在为内心涌动的痛苦提供无条件的关怀和滋养，而不是在为自己怀有这些痛苦而自我羞辱。写作让你与自己的脆弱相通，为你创造了空间，让你可以与自己残破的碎片交谈，并把它们组合成美好的样子。

这里有一些帮助你与阴柔/母性能量建立联系的方法：

- 想象自己置身于美妙的阴柔/母性能量的支持中。

- 利用舞蹈、瑜伽、冥想或运动等行为，与自己的身体建立联结。
- 采取谈话疗法。
- 呵护/爱你自己的孩子、朋友和爱人，因为他们需要并且值得你如此对待。

自我治愈 Tip

那种"我想要妈妈"的感觉不存在年龄、时间或距离的限制。

健康的阳刚/父性能量

在人生历程中，勇气和胆量十分重要，而健康的阳刚/父性能量是你完美的保护者，可以增添你的勇气和胆量。如果你的父亲消极阴郁，对你没能尽责，或者强横暴力，那你就可能感到缺失保护，你会变得小心翼翼，时刻担心与人发生冲突，而且，你会排斥与父亲见面——他本应是你的超级英雄，但他并没有做到。下面的这些技巧，可以帮你纠正自己的这种内在关系：

- 当涉及亲密关系、财务与事业这样的重大决定时，你要做决策者。

- 通过勇敢地追求真实的自我，锻炼自己的魄力。
- 让人们知道你对自己的要求。
- 明确且严格地给愤怒设置限制，不肆意释放怒火。

只要勇敢自信，你很快就会发现遇到的所有人中谁是真心的，而谁不是。这是父性能量带来的清晰辨别力——没有说三道四、夸大其词、虚张声势。这种清晰会赋予你更强的洞察力，让你离开那些不能或不愿支持你的人和环境，变得真实、喜悦、充满活力。

肯定疗愈法

肯定疗愈法就是通过不断对自己重复一些语言，从而在情感上鼓励、肯定并支持自己。你可以通过默念、大声说出来或写下来的方式重复这些想法。当你再三重复这些肯定的话语时，它们会帮助你与大脑重建联结，以更有效的方式思考，这些练习在治疗复杂性创伤后应激障碍问题上是很有价值的实践。下面的这份清单里有很多表述肯定的话，它们可以引导并帮助你与自己重建联结，让你爱自己、尊重自己，成为一个你未曾拥有过的、属于自己的家庭成员。

- 我是个好人。
- 我会尽我所能，永远支持自己。

- 我不一定非要变得完美，才能得到来自自己的爱和保护。
- 我能坦然接受自己所有的感受。
- 我很高兴能看到自己。
- 生气也不要紧。
- 犯错也没关系，这是我学习的契机。
- 我可以寻求帮助，我也会帮助自己。
- 我可以有自己的喜好和品味。
- 我让自己感到非常愉悦。
- 我可以选择我自己的价值观。
- 我为自己感到非常骄傲。

练习题：给自己一点时间，回想一下你从家人那里收到的负面信息，无论是口头的还是非口头的，它们都与清单上的信息截然相反。这个练习会让你清楚地看到，与你所收到的有损身心的信息相比，那些无毒家人给出的有益信息会是什么样子。

重建联结最重要的一点，是坚决拒绝沉溺于任何消极、自责、自暴自弃的行为和想法中。与自己的对话，是最重要且最有意义的。我们每个人都能决定自己的价值。

耐心、同理心和一位积极的内在指导者，可以让你获得有效的疗愈。在减少创伤和自我评判的前提下，你可以训练自己克服畏惧和恐慌感，由此，你就可以步入新生活的旅途。最重要的是，"拯救自己的生活"这件事完全是你的功劳，自我疗愈过程中的一切，都值得你为之骄傲。

> **自我治愈 Tip**
>
> 你必须反抗并且自救,不做养育方式的受害者,同时,也不要因为自己曾经遭遇的不公而贬低自己。

身为有毒家庭的幸存者,你该如何痊愈?

为了充分了解自己混乱又备受虐待的成长经历,作为有毒家庭的幸存者,需要获取尽可能多的信息。在此之前,你常年遭受洗脑,生活在无法控制的不确定性中,而了解自己到底可以控制什么,将有助于你重建安全感。你需要知道失去家人是多么令人困惑和痛苦,又为什么会有这样的困惑和痛苦,这些都是无价的知识。

想要获取正确的信息,我们首先要做到对自己诚实。就拿我来说,我可以撒谎,假装我不在意家庭给我造成的伤害,并声称不受它任何影响,然而,这根本不是真的。无论我是否情愿,这些人就是我的家人,当他们做出残忍且充满恶意的事情时,无论我能否预料,也无论我有没有与他们正面对抗,都会给我造成伤害。当别人以"你也知道他们是什么样的人"去期望你"放下这件事",就等于在无意中贬低了你过往与现在的经历。

家庭带给你的伤口鲜血淋漓,如果你不明白这一切是怎么发生的，就无法治愈它。正因如此，我才会在之前详尽解释埃里克森的心理社会发展理论，这些信息会让你更好地了解自己的伤口是何时、以什么原因及形式流血的，它又是怎样随着自己长大而愈加严重的。

在疗愈中，你还需要学会对自己切断联系的决定不加质疑。我们中的许多人，都经历过对自身遭遇以及衍生感受是否真实的拷问，我们会质疑自己所经历的事情是否真的糟糕到必须离开家庭，这种质疑是非常自然的。在很多人看来，除非你的童年是在极端变态反常的状态下度过的，否则就没必要和家庭脱离关系，这无异于在你的伤口上撒盐。在我们生活的这个世界，越来越多的孩子被成人拖拽着被迫见证婚姻的不幸，并且不得不经历诸如猥亵、不忠、争吵、经济虐待、身体虐待和家庭系统崩坏等，这些创伤对他们而言成了家常便饭。因为这类情况非常普遍，人们甚至不再将其视为与家庭成员断绝来往的有效理由。如果你的情况没有明显异常——譬如像塔拉·韦斯特弗（Tara Westover）在《你当像鸟飞往你的山》中讲述的那个极端可怕的故事——那么，你遭遇的虐待就有可能被误解，你切断联系的举动也很可能不为外界支持。如果一个经营慈善机构或参加家长教师联合会（PTA）的人，对自己的虐待行为不加掩饰，在这样的大环境下，包括我在内的许多幸存者想要离开家庭，就很难得到支持。

布琳·布朗在她的《归属感》（*Braving the Wilderness*）一书中，证实了人们围绕家庭伤害这个话题展开的社会评判。她写道：

即使与贫穷、暴力、侵犯人权那些苦难相比，"我不属于我的家庭"这种感受对我们来说，仍然是最具危险性的伤害之一。这是因为它的力量足以摧毁我们的心、我们的精神和自我价值。当这些东西被损坏时，只会产生三种结果，而这些结果我在生活和工作中都已亲眼见证过：1.你长期生活在痛苦的煎熬中，通过麻痹痛苦寻求解脱，并将痛苦施于他人；2.你否认自己的痛苦，但这种对痛苦的否认，会将痛苦传导给你身边的人，尤其会传递给你的孩子；3.你有了承担痛苦的勇气，并培养出了对自己和他人一定程度的同理心和同情心，这让你能够以独特的视角察觉到世间的伤害。

在我自己的疗愈过程中，虽然我已经成为这方面的专家，也知道自己对破坏性家庭的期望是什么，而且有机会在全国各地提及它，但这些还是不够的。我们的目标是达到上面提到的第三种结果。

在我们的疗愈过程中，通常需要付出一定的时间和努力才能达到第三种结果。当想要开启疗愈时，你难免感到不知所措，我向你保证这很正常。开启疗愈，并不意味着你需要像参加比赛一样争分夺秒地完成一场人生巨变。你当然想要尽快愈合，好让疼痛停止，但在处理核心创伤和复杂的情绪闪回这类问题上，我们从来没有捷径可走。记住：**疗愈是个动词，意味**

着你会一直处于行动状态。所以，我们要一起迈进一步，治愈自己的情绪性寂寞和情感上的脱节，这是疗愈的必经之路。

自我治愈 Tip

如果你不能描述自己身上发生的事情，就无法开始治愈你的人生。

第9章

如何应对逃离后的孤独

如果你的家庭在外人看来挺正常甚至很完美，那么当你与家庭决裂时，人们就会认为你的决定是错误的。由此形成了一个可悲又可笑的状况，那就是如果家庭存在明显的缺陷，如成瘾问题或精神疾病等，幸存者们的处境反而会更容易一些。

一些虐待行为由于外在表现不明显或不清晰，是很难证实或被人理解的，你无法用言语或确凿的证据来证明那些隐藏的东西。如果没有公开的证据证明你遭受了心理虐待，你就会受到来自**家庭和社会**的双重孤立。因而，很多有毒的家庭成员往往很擅于此，他们看起来很有社区意识——在服务、时间、慈善行为上十分慷慨，在社交中也毫不利己——但是，他们在家庭中扮演着"恶魔"。

练习题：给自己一点时间回想一下，你是否因为不确定自己遭受的虐待是否"足够真实"，而替别人的虐待行为辩解了很多年。

当你的成长伴随着被驱逐、被疏远、被控制、被指责、被利用，以及被公然作弄的感觉时，这就意味着，你同时遭遇了虐待与情感离弃。这样的遭遇糟糕到足以让你设下明确的边界，无论你是选择离开有毒的家庭，还是继续留在其中，你都会感到自己被遗弃了。被遗弃并不只是被丢在篮子里放到别人家门口，从此再也见不到你的家人，被抛弃是一种归属感的丧失：你碍事、烦人，你不值得别人花费时间去爱和关注。

当你在成年人的关系中感受到深深的寂寞与情感脱节，却找不到理由时，这就是在提示你需要赶紧按下暂停键，及时去处理你的创伤。

艾丽莎是我的一位客户，尽管她并没有被抛弃，却一直在离弃感中挣扎。明明与男友依偎着待在沙发上，艾丽莎却感觉他们之间没有情感联系，她说："我感觉他很遥远。"其实，男友只是在工作了一天后需要暂时放松，所以表现得有些安静。男友的安静让她感到焦躁，而男友也因她的指责而沮丧，他不理解艾丽莎为什么会有这种感觉，他自认他们是有情感联系的，他说："我并没有安静到一句话也不和她说，所以我不明白。她让我觉得自己一直在让她失望。"

这一切都源于艾丽莎的父母。在她的成长过程中，父母总是吝于付出感情，因此，长大后的她需要一定程度的安慰、关注和认可，去弥补曾经的缺失。此类问题的矛头最终通常会指向一件事：在童年时，那些和你有着重要关系的人没有给予你支持，也没有给你带来滋养，等你成人后，你需要学会以自我疗愈来填补内心的空洞，否则你就会像艾丽莎一样，无论从别人那里得到多少爱、关注或安慰，仍然会感到失望。

情感遗弃带来的伤痕

苏珊·安德森（Susan Anderson）在她的《走出遗弃，治愈自己》(*The Journey from abandon to Healing*)书中，详尽描述了情感遗弃的程度之强，以及人们在试图恢复的过程中经历的一生的悲伤。遭到遗弃所产生的悲伤和死亡带来的悲伤有很大区别，当你的生命中有人离世，他们并不是将死亡作为伤害你或怨恨你的手段（一些自杀不在此讨论之列）。人们因疾病、事故、暴力或年迈而离开人世，这是生命中很自然的一个阶段，这不是他们的错，也不是你的错。换句话说，他们的自然死亡并不是由你的某些"不理想"导致的。

另一方面，情感上的遗弃意味着你正在失去某个你所深爱与需要的人，意味着你知道这个人主动选择了不与你在一起，不想让你继续留在他/她的生活中。这种拒绝足以让你陷入难以言喻的悲伤和绝望中，当你所爱之人选择离你而去，你失去的不仅仅是和那个人的关系，你也会失去对自己的意义和价值的确信。

安德森指出，遗弃产生的悲伤本身就是一种综合征。被遗弃后，你将恐惧与愤怒的矛头指向自己，这样的方式赋予了悲伤独特的滋味，也正是这种自我攻击的倾向，让遗弃与死亡所产生的悲伤截然不同。很多遭遇抛弃的人，本身是敏感、体贴且真心等待爱的人，对他们而言，遗弃所带来的悲伤分外持久，以至于会阻碍今后寻找爱并将爱维系下去。遗弃会让你怀疑自己在爱情和亲密关系中是否值得被爱，能否被人接受，这种无形的或想象出的个人缺陷，很可能成为你自我厌恶的起点，你因此一路受伤，鲜血淋漓。

审视对自己的厌恶，是爱自己的开始

自我厌恶主要来源于创伤，包括但不限于性虐待、身体或情感上的虐待、遗弃或忽视。当你察觉到自己被遗弃时，通常会唤醒最原始的恐惧——害怕自己将永远被人丢在一边，孤身一人，没有人保护，也没有人看得到你最迫切的需求。这种恐惧引起了强烈的愤怒，你为自己不得不体会到那么多焦虑、孤独和绝望而愤怒。同时，你十分无措，为自己为什么没有能力抓住另一个人的爱而感到茫然。

这些无助的感觉，驱动了更深层次的自我厌恶。由于你有毒的家庭成员早就给爱限定了条件，导致你养成了以下习惯：沉溺于自我憎恨、自我打击，只关注自己的缺点和不足，更有甚者，会为抛弃自己的人寻找借口和加以辩护。答案显而易见，你是在与自己作对，你坚信自己的性格中有可怕的缺陷，却又完全不知道这个缺陷是什么。每当你经历被抛弃的恐惧时，就会轻易陷入这种扭曲的观念，认为自己不配被爱。

经历抛弃后，你会产生非常强烈的情感放逐感，以至于对自己遭受的虐待视而不见。**你在不断受到家人指责的时候，并没有停止爱他们，而是不再爱自己**。你会对那些在情感上抛弃了你的家庭成员充满渴望与痴迷，你会错误地认为，只要家人还能爱你，自己的生活就会归于平静。遗憾的是，你的家人也很盼望你能有此想法，因为你的这种渴望会让你从属于他们，不断乞求他们的许可。在这种渴望下，你会不自觉地为家人的操纵大开绿灯，即使你已经成年，也会无休止地试图修复与家人的关系，尽自己的最大努力去做他们眼中的"好人"。

抛弃会对人产生毁灭性的伤害，它是一种你永远也不会想要施加在他人身上的感受。因此，令人惋惜的现象出现了：许多幸存者将逃离有毒的家庭、与其切断联系视为对家庭的抛弃，因而不敢做出这个有益于自己身心的重要决定。请你不要有这样的自责，你要记住的是，"因为长期饱受虐待和抛弃而设定界限"与"因为一时生气而与某人断绝联系"，两者之间有着天壤之别。

自我治愈 Tip

可笑的是，即使你那些有毒的家庭成员与模范父母、模范兄弟姐妹、模范祖父母的形象相去甚远，他们也期待你是完美的。

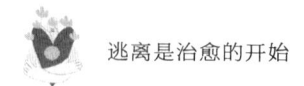

是你抛弃了你的家人们吗

与有毒的家庭切断联系,并不意味着你抛弃了他们,你只是在确立"不再联系"的界限,以防他们继续带给你被遗弃感。要知道,你有毒的家庭成员们是精通遗弃之道的,他们对自己行为带来的负面影响选择性失明,以此回避对自己残酷行径的认知与罪恶感。他们将自己造成的种种伤害视为正当的,并对此麻木不仁。他们毫无怜悯之心,不仅不尊重也不关心真相,还会对自己的虐待和操纵行为矢口否认。

具有讽刺意味的是,即使离开了施虐者,你仍然会有被抛弃的感觉,被遗弃的创伤也长期难以愈合,所有这些,都潜藏在你成年期自信的表象之下。当你在社交场合,与朋友、同事和他们的家人相处时,周围的每个人、每件事都在提醒你有关家庭的话题。你看到健康的父母对他们的孩子无私相助,或目睹他们和兄弟姐妹以及家族中的其他成员彼此真诚相爱,把对方的利益和感受放在心里,这些都很容易触发你内心的伤痛,你会想起自己从未拥有过的东西。

所幸,治愈这些伤口并非全无希望。你可以试一试下面这些有效的疗愈技巧:

- 给抛弃你的人写封信,然后烧掉它。这种仪式性的方法可以帮助你释放内心对于被联系和被理解的渴望。如果你在家中无法获得这些，那就将一切交给天地万物吧。
- 给你内心的渴望情绪写一封饱含支持与关怀的信。对于抚慰脆弱的情绪和练习积极的自我对话而言，写信无疑是个好方法。
- 允许自己去感受有关被遗弃的各种情绪。在有毒的家庭中，你不能大声说出你内心的想法，否则就会受到惩罚。现在，去感受你所需要感受的一切吧。
- 找出受到伤害的那部分自己，诸如你内心的小孩。仔细查看你受到伤害的每一部分，并给自己足够的爱和慈悲。
- 相信自己内心的小孩是健康、强大、有能力的。你内心的小孩已经坚强地撑了很久，这份力量和毅力值得赞许。为你内心的小孩描绘一幅愿景，允许他当个自在的"小捣蛋"。
- 列出你可以依赖的、能帮你管理想法与情绪的应对机制。"列出清单"这个行为的力量非常强大，有助于你明确表达出对未来的新希望与新构想。
- 安抚自己惊慌失措的情绪，并通过抚慰这些伤口与自己对话。安抚和抚慰是疗愈的基础，在你确实需要时，你务必要为自己做这些事。

当你着手治愈因抛弃与拒绝而造成的创伤时，你很可能会在心中涌出对于被认可的需求。你需要并希望自己的痛苦经历被人承认，这种想法是正常的，也是自然的。你成长于功能严重失常的家庭，因此，不管你是有意识还是无意识地，你都需要有人能走进你的困境，给你带来保护。

练习题：给自己一点时间，想一想给你造成痛苦的家庭成员们为什么不愿承认你的痛苦？长期缺乏认可，对你产生了什么样的影响？

许多我们生命中重要的人都没意识到，当我们这样的幸存者被触发出强烈的情绪反应时，迫切需要他们在此情此刻满足我们的需求，需要他们像对孩子那般对我们温柔以待。请你记住，当你感到痛苦时，所谓"做个宠辱不惊的大人"这种成就根本不重要，重要的是能感受到同情心，你需要别人倾听你的经历并用心对待它。来自他人的支持，能促进他们对你的理解，增强与你的联系，也让你对他们产生信任感。来自他人的支持为你创造了一个神圣而安全的地方，在那里，你可以讲述自己真实的故事，而不用担心遭到驱逐。这听起来容易，事实上，很多成年幸存者为了寻找健康和支持自己的力量拼尽了全力。

自我治愈 Tip

家庭虐待的幸存者们，怀着孤儿般的心情生活着。

建立情感上的认同关系

幸存者们普遍会吸引这一类人：避免情感亲密，爱意反复无常，吝于付出感情。这类人会让你仿佛陷入功能失常的家庭，并引发出你对爱求而不得的痛苦。这似乎形成了一个悖论，既然幸存者最渴望的就是能够承认和维护自己的人，希望拥有带给自己满足感的亲密关系，又为何会陷入这种与之相反的关系呢？主要由于以下这几个原因：

- 你遭受过家庭虐待。当你身负童年创伤，会在谋求建立亲密关系时不自觉地被类似你抚养人的人吸引，这很自然，但是不健康。这种不健康的依恋饱含强烈的情感，会让你迷醉，将你卷入混乱之中。
- 你很真实，被人质疑时会感到受伤。你在不断的指责与扭曲的现实中长大，深受焦虑和自我怀疑之苦，你不知道别人是否会接受、采纳或相信你的话，因此，你常会出于博得别人相信的目的，而将权力拱手相让。
- 你相信爱只能来源于成就。我们中的许多人从生活中学到，爱是靠自己挣来的，是根据表现好坏来分配的。我们不自觉地将这种不正常的公式应用到成年后的依恋关系中，倾向于选择那些需要我们挑起重担，并在我们做得不好时予以责备的人。
- 你倾向于完美主义。你对成就的追求没有止境，并且不认为这会超过你的承受能力。你的超负荷运转不停地向其他人发出信号，告诉他们可以利用你。只要有人让你觉得自己不够完美，你就会条件反射地立即行动，而你的经历也

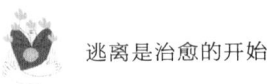

验证了这句话：完美是经过粉饰的创伤。

- 你总是想去替别人解决问题。有毒的家庭系统是反向建立的，有毒的父母、兄弟姐妹、叔叔、姨母和祖父母认为让其他家庭成员扛起压力与难题是正常的，即使那压力非常过分。而你被迫培养出的照顾家人的习惯，很容易转变成一种长期的固有模式——你总是在照顾别人，替人收拾烂摊子。

- 坚持己见和设定界限对你来说存在挑战。在施加心理虐待的家庭中，坚持自己的主张往往行不通。一旦你试图维护自己，就很可能遭到无视、惩罚或煤气灯操纵。所以你会带着对被遗弃、苛责和嫌弃的畏惧进入一段关系，而这些畏惧也成了你不愿设定界限的原因。

- 你会规避可能让你遭到抛弃的情况。你从小就担心被抛弃，这促使你每一刻、每一件事都在避免自己被抛弃，甚至不惜为此牺牲真正美好的东西。你是那么害怕遭到嫌弃，以至于宁可栖身于虚假的安全感，也不愿追逐纯粹的爱，你很容易进入病态共生的亲密关系。

练习题：给自己一点时间，仔细想想自己作为成年人，为何会选择不尽如人意的亲密关系？这其中有什么潜在原因？你又该如何在这些方面做出改变？要知道，你值得拥有健康快乐的关系，它会印证你的价值，印证你的重要与可贵。若你从未被人认可过，就很难体会到自我认同感。

以上所有，都是你"欠认可模式"的一部分。当你所爱之人否定、贬低、指责或忽视你时，不被认可的感觉就会冒出来，让你无比痛苦。你有需求是正常的，然而，如果你需要他人反复、持续地提供慰藉，这也是不健康的。并且，由于这是一种过度需求，会使你最终还是无法避免被抛弃的命运，即使你曾千方百计避免这一结局。过度需求是亲密关系的重要终结者之一，会让你将身边的人越推越远。

具体说来，过度需求体现为不安全感——唠唠叨叨，从来都体会不到快乐，无休止地寻求安慰，直到对方感到难以满足你。心理痊愈的过程中，人们最想做的事就是将所爱之人留在自己的生活中，要做到这一点，就必须努力解决过度需求的问题。你要学会认同自己的价值，打消自己的疑虑，并为自己提供给养，这些都会大大增加亲密关系中的满足感。以下这些方法可以帮助你实现自我认同：

· 承认自己的优势、努力、进步和成就。
· 接受自己的内在体验，包括你的思想、感受和情绪状态。
· 找出触发你"欠认可模式"的因素。
· 优先考虑你自己的需求，尽可能去满足它。
· 善待自己。
· 使用正面的自我暗示。
· 接受自己的局限、缺点和错误，每个人都会有不足之处。
· 不要拿自己和别人比较。

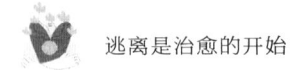

- 关注自己的感受和需求。
- 不加评判地接受自己。
- 像对朋友一样对待自己。
- 给予自己未曾得到过的爱。

当你对家庭中幼稚的博弈型互动耗尽了耐心后，随之而来的很可能是沮丧和孤独，为了填补内心，许多幸存者会自觉或不自觉地寻找家庭的替代品。这是一种正常的心理现象，但不一定是健康的修复方式。无论你遇到多美好的人，都不能抹去家庭给你留下的创伤。当你完全接受你不幸的成长环境，你就不会那么需要外界的人来修复或代替你缺失的东西。你会逐渐承认自己有一个辜负了自己的家庭，即使这种承认让你如鲠在喉。每个人在期待上的能量都是有限的，有毒的家庭系统会把它消耗殆尽，而伴随着你接受自己的真实状况，你的期待对象会从一个替代品转向自我治愈。

自我治愈 Tip

只有离开那些不成长的人，你才有机会获得成长。

第10章

打破限制，习得未来所需的能力

年少的时候，你很难相信家人没有爱你的能力，而更容易归咎于自己不讨人喜欢。这结论令人心碎，但是，这并不意味着你不配被珍视——你只是碰巧倒霉，没能拥有一个有能力来爱你的家庭。你只有接受这个事实，才能从内心的伤痛里挣脱出来。

没错，你的家庭是"有毒"的，但依靠别人或别的家庭，是无法治愈你内心创伤的，因为你的不幸并不是他们造成的。你的家人当然可以解救你，但他们也必然不会这么做。接受以上残酷的事实，会有效缓解你的伤痛。

就拿我自己来说，当我看到手机屏幕上闪动的名字不再血压升高时，我感到了一种畅快的解脱。然而，我并不是一下子就能做到的，刚接受现实时我也异常痛苦，但在经历了多年的疼痛磨砺后，我终于意识到在我的家庭中，不存在值得我去争取的健康关系。在这里，健康的家庭关系过去不曾存在，现在

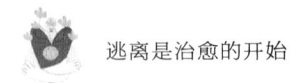

也并不存在。

接受事实的过程,会消解你成长中的困惑,正是那些困惑让你一度与自己对立。与家人保持距离后,你会发现内心破碎的人不再是自己,而是那些给你造成伤害的家人。你会意识到尽管自己想拥有关系亲密的家庭生活,即使没能拥有,也不影响自己生活顺遂。你如释重负,觉得完全可以治愈自己,并建立起健康的情感纽带。

当你从痛苦中走出来,全心全意朝自己的生活努力时,你会逐渐摆脱阴霾,感受到做自己的快乐。并且,你坚定地相信了一件事——无论你多想获得家人之爱,失去"真我"都不应成为必需的条件。

自我治愈 Tip

你不会以家人对待你的方式去对待别人,并称之为爱。

治疗的意义

你生命中或许不曾遇见过满怀爱心之人,但你可以通过自我意识的觉醒、成长以及对自我之爱的决心,让自己成为这样的人。从职业和教育背景的角度来说,我是一名心理学家,但这并不意味着我可以跳过治愈过程自行痊愈。我也会求助其他心理治疗师,对此我十分庆幸,因为在自身的治疗过程中,我有足够的空间一遍遍哀悼那个我曾渴望，但没能拥有的家庭，并积蓄能量，以应对与他们断绝来往后必须面对的闲言碎语。在心理治疗中，当我对我的家庭成员的滑稽表演感到厌烦时，我有空间进行诚实的表达；当我想去爱他们，他们却固执地拒绝接受我或回应我时，我对家人的爱就会转变为沮丧、无奈与失望。在治疗关系中，幸存者不会因为这些真实的感受和经历被人指摘，而是可以公开表达，他们与家人的断联也不会成为一种不可言说的禁忌。

治疗可以保护你，避免你重新陷入不实的幻想，你不会再天真地以为有毒的家庭成员们会变成你期盼的样子——具有同情心、开放接纳、体谅宽容、真诚直率、触手可及、乐意相助、充满爱心，并能在需要时给予你支撑与扶持。这样的家庭成员并不属于你，从一开始就不属于。

治疗关系是一种连贯的、可预见的、具有滋养性质的关系。这种关系允许你脆弱，也支持你勇敢。但是，从你人生关键的第一阶段开始，你就没能从家人那里获得这种关系。在我开始治疗时，我并不总是有很多话要表达，我自己的许多病人也是如此。在那些日子里，仅仅身处健康、坦诚、滋养的关系中，就已让我获益良多。治疗关系的连贯性和稳定性形成了累积的影响力，这种影响难以从任何一个单独的疗程中获得，正是这种累积，给我带来了深刻的治愈和转变。

练习题：给自己一点时间，仔细想想你会如何从治疗关系中受益。

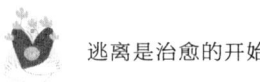

一切被你排除在清醒认知以外的东西，都可能给你的生活造成严重破坏，所以，要挣脱破碎感，你必须首先看清自己的破碎之处，以便从中学习。修复破损需要时间，进行任何类型的自我反省都需要我们保持耐心，治愈自己不是一蹴而就的事情，不是参加一个周末研讨会就能复原如初，而是一个需要你长期专注并投入其中的终身事业。

想要找到自己的破碎之处并不难，通常来说，当你因为与家人断联而独自经受外部非议时，你也就离看清自己的破碎之处不远了。

在你主动切断联系后，你要面对两个现实。第一个现实是，你明白自己无法通过改变他人来治愈自己，无法通过等待和期望家庭成员的良心发现而获得疗愈；第二个现实是，你会因为选择断联而饱受非议，并且难以得到支持。困在这两重现实中，你会在决定切断联系时感到"找回了自己的心"，转而又在寻求支持未果时感到"心又失落了"。

事实上，一旦你做出与家人断绝来往的决定，你就必须同时清楚一件事——你无法改变别人的想法，你唯一能影响的因素就是你自己。我们每个人都是自己转变的起点，你的转变只关乎你自己，而不关乎家庭成员能否改变，或社会对你的决定能否接受。

自我治愈 Tip

即使感到疼痛，也要勇敢面对你的破碎之处。

限制性观念的影响

什么是限制性观念？限制性观念是指你对自己持有的错误认识。这些认识会对你的生活产生深刻的负面影响，如果你相信了关于自己的不好的事情，那么当你在决定"要做什么，不要做什么""要说什么，不要说什么""要成为什么样的人，不要成为什么样的人"这些问题时，就会产生畏惧与束缚感。如果你在童年时期就有了限制性观念，就会在以下几个方面受到影响。

自我接纳

你是在自己"总是做得不够好"这种错误观念下长大的，你必须学会阻断这种感觉。

练习题：给自己一点时间，回想一下你为什么会认为自己做得不够好。并思考一下，你要如何才能打破这种思维模式，要如何才能让自己确信"我并不完美，但已经足够好了"？

清晰的身份认同感

在实施心理虐待的家庭中，你会被培养成别人希望你成为的样子。由于你和自己的关系建立在长期自我忽视的基础上，你从未在家庭系统中得到过认同，所以，你可能会长期与强烈的担忧做斗争——你会担忧自己是否在以正确的方式做正确的事情，会担忧是否要为自己以外的人做出改变。

练习题：给自己一点时间，仔细体会，当你放弃必须与某个地方或某个特定群体"相匹配"的想法时，治愈就开始了。

自我关怀

你是在一个没有同情心的环境中长大的，所以你从来没有意识到你是值得被关怀的。缺乏自我关怀，会成为你在成年后选择错误亲密关系对象的关键因素。

练习题：给自己一点时间仔细想想，当你考虑把自己的需求放在首位时，你的内心有什么样的感受？你是否感到羞耻、内疚、害怕，并认为自己自私自利？

生气与愤怒

破坏性的家庭系统会误导你，让你以为只要自己生气了，那你就是坏人。你一旦表示自己生气了，他们就会说你是精神出问题或者失控了。事实上，在没有受到压抑的情况下，生气是一种健康的情绪。当生气被压抑时，就会变成愤怒。幸存者们通常会发现，自己的家人总有能力让他们发怒，生活中的其他人都无法做到这一点。这是为什么？因为在有毒的家庭里，你必须压抑你的一切感受，不断受到挑衅，最终你被压抑的情绪会爆发。生气源于设定界限的需要,当界限屡屡不被尊重,愤怒就产生了。生气为你指出了你能忍受的极限,它的出现,是为了帮助你正视并建立不容商榷的底线。**你越能保护自己,别人就会越尊重你,你生的气就越少**。生气可以引导你为不公正现象伸张正义,因此这也是一种有可能创造变化的情绪。

练习题:给自己一点时间,仔细想想该如何信任自己的气愤,怎样才能让它为你所用,而不会伤害到你?

在关系中获取慰藉的能力

充满爱的环境对你来说并非常态,所以你要想在一段关系中感到舒适,确实需要付出更多努力。就我自己的个人经验来说,我可以从关系中汲取爱,但很难从中获取慰藉,也很难相信关系的持续性。在我的生活中,关系制造出的焦虑多于平静。比如,当我与人相爱时,我很难相信对方是否坚定,也会怀疑其意图,因而无法全心投入。我是那种总会为自己准备备选方案的人。

我还总爱小题大做,一点小事就觉得自己大祸临头,前途未卜。这是个很难改掉的老习惯,因为我已经被训练得对他人只敢抱有最低的期望,对自己得到的结果也只抱有最坏的打算。要改变这个局面异常艰难,一段关系或许会带给你安慰,也可能不会,一切取决于你在信任和抛弃的问题上如何度量。值得庆幸的是,即使我们得不到慰藉,也可以从关系中汲取爱。以下是我的体会:

你越是深入、真实地对待自己的生活，你就与自己在爱情关系之外的个人目标联系得越紧密，同时，你在关系中也能感受到更多慰藉。你对真实的自己越自在坦然，和别人在一起的时候就越会感到舒适。

练习题：给自己一点时间，仔细想想，你是否可以从亲密关系中感受到安慰？如果你想要提升这方面的能力，你需要做些什么？

放松的能力

从小到大的经历，让你相信自己做得总是不够好。从这种感觉出发，你会要求自己保持忙碌，时刻行动起来，并以此证明自己在不断努力变得更好。你这样做，是为了获取你一直渴望的东西，那就是家人的称许。正因此，一旦放松下来，你可能就会感觉不舒服，甚至可能觉得自己是自私的，人生毫无价值。如果你不忙得团团转，不做家务，不超负荷工作，不超额完成任务，不做一些让生活变得完美的事情，你就会觉得自己没有任何存在的意义。

练习题：给自己一点时间，并且确认一件事——无论你如何用忙碌分散自己的注意力，都不会使你的创伤消失。接受这一观点，然后想想自己应该怎么做。

自我表达的能力

有毒的家庭环境不允许你发出自己的声音,因此,你在分辨怎样表达自己、何时表达等问题时,常会感到困惑和困难。在以往的尝试中,你的需求和观点对家庭生活没有丝毫影响,这让你很痛苦,而为了避免痛苦产生,我们中的许多人条件反射般地学会了封闭自己的情绪,以获得某种程度的接纳。

练习题:要治愈自己,你必须发出真正属于自己的声音,你觉得自己怎样才能做到这一点?

管教与动力

当你所做的一切不被家庭认可时,你对任何事都会失去动力。你可能会变得缺乏干劲,以此消极反抗家庭成员给你带来的压力,并妄图争取到对自己生活的控制权。

练习题:给自己一点时间,仔细想想,一直以来你是如何处理管教与动力的关系的?

为自己考虑的能力

破坏性的家庭系统中,"在意"与"关心"都是单向传送的,往往是关系中更敏感、更脆弱的一方必须要去迎合有毒的人一方。你从小被灌输的观念,让你不懂得为自身考量,在你看来自己唯一的价值,就是成为家庭成员的情感奴隶,或替他们收拾烂摊子。

练习题:回忆一下,你曾被允许为自己考虑过吗?

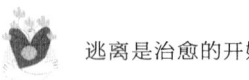

将生活视为礼物

你在成长的过程中经历了痛苦、恐惧、彷徨和曲解,这与"将生活视为礼物"的理念相去甚远。有毒家庭的目的就是打压你,这样你就不会产生足够的信心逃离他们的控制。如果你的生活长期身不由己,你是难以将它视为礼物的。

练习题:给自己一点时间,仔细想想你对生活的看法,它对你来说是礼物吗?

在和那些消极观念打交道时,你会感到痛苦,因为想要对抗消极的观点,你必须先看见它们。请诚实地面对自己,诚实地面对自己的以上感受,并相信总有一天会拨云见日。届时,你可以向别人大方地讲述自己是如何克服那些经历的,而你的故事也将成为别人的指南。

从根本上信任自己

人类有爱和依恋的天性,我们对于构成自己家庭、宗族的人更会产生这样的心理。如果不能与他人建立联系,人很难获得成长;如果没有实实在在、可触可感的人际纽带,成长则会变得单薄无力。有一点需要注意,那就是:联系与操纵无法健康地共存。对于在有毒家庭长大的人来说,这一点是个令人万分遗憾的难题。

在建立健康联系的问题上，信任远比爱更有价值，毕竟你如果不信任一个人，就不可能放下防备去爱对方。操纵与建立信任是冲突对立的关系，如果你被操纵了，那么你对联系的渴望更多地来自畏惧，而不是爱。

基于畏惧的依恋，是以创伤为出发点的。正因为创伤是通往你伤口的门户，所以，这里也可以承载人生的厚礼。没有这扇门，疗愈便无法走进你的心里，当你遭遇情绪触发点时，这扇门就会打开。

创伤会在你的情感系统中发出警报。如果将脑海中的记忆比作录像带，那么情绪触发点就是点亮各个场景的按钮，将你拽回到当时受伤的感觉中。情绪触发点是私人的，它因人而异，不过，情绪触发点普遍会出现在以下这些场景中：当你感到自己被误解、不被支持、被排斥、被指责时；当你感觉不被重视或不被认真对待时；当你不相信自己时；当你被辜负、被抛弃，觉得自己没信心、没吸引力、不得体、不值得依靠时；当你害怕冲突，害怕被羞辱或被利用时；当你脆弱易受伤时；当你遭遇意外变故时。未经审视的情绪触发点，会阻碍信任感的建立，而信任感又是健康联系所必需的，所以，你必须学会与它们打交道，而非单纯地与之对抗。

自我治愈 Tip

当你拥有了自尊，你对平和的渴望，就会胜过对混乱的沉迷。

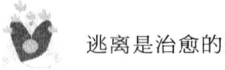

通往改变的大门

如果利用得当,情绪触发点会像一扇大门,让你看清需要建立边界的地方。要注意的是,当人身处压力之下,状态会产生条件反射性的倒退,所以,情绪触发点不会随着年龄增长而自行变得稳定,更不会随着时间的流逝自动痊愈。当你遭遇到压力,就会自然而然地调取被压抑的情感,让你承受比当前压力更为严重的伤害,也正因此,了解和识别触发你不良反应的情境,是你成长中的一大进步。

人们总会在不经意中说出或做出一些戳中你的事,你还没有反应过来,就已经被不安与戒备感淹没了,并且越陷越深。要解决这个问题,我建议你将时间作为调节情绪的盟友。当情绪高涨时,你可以依赖于你所处的实际情况,花点时间来处理正在发生的事,以此给自己一个空间,让思想和情绪从条件反射状态回归理性。当你遭遇情绪触发点时,可以采取以下四个步骤来促进情绪的成熟与稳定:

1. 找出诱发家庭创伤的情绪触发点。
2. 冷静地感受触发点所诱发的情绪,比如畏惧、愤怒和遗弃感等,但不要被情绪牵着鼻子走。
3. 在决定采取行动前,先确定自己需要哪些帮助或支持去理清思路,比如心理治疗、写日记、冥想、运动、与信任的朋友交谈等。

　　4. 检查以往创伤与当前触发点的关联，避免对当前状况投射出不必要的强烈情绪。

　　这些步骤能有效减少你采取行动的冲动，让你平静沉着地生活。有时候，只要一分钟，你就能消化自己的感受和想法，你会明白当前给你造成伤害的人或事，并非是有意在戳你的旧伤。由于你是在虐待和操纵中长大，所以会在不知不觉中以为别人是有意伤害你，因为你只能想到这些。这种错误的想法会导致你结束那些原本不必结束的关系。情况并非无法改观，只需多一点努力、耐心和沟通，就会发生变化。

　　当有人在一段关系中伤害你时，你会不由自主产生离开的冲动，这种心理可以理解。可是，你不必仅仅因为在一段关系中体验过有毒或混沌的时刻，便由此竖起"不再联络"的界碑。这个习惯不会给你带来幸福，也不能帮你建立持久可靠的关系。只有学会管理自己的情绪，才会帮助你成为更好的沟通者，更好地滋养自己与他人。

　　当你学会为自己而存在，你就能在重要的关系中以本真面貌示人，这是你治愈伤口的特效药。你要先照顾好自己，其他的事情就会自然就位。

第11章

同理心和自我爱护：
从表达自己到爱自己

就像你目睹的那样，有毒的人是不愿自我反省的，他们认为自己毫无错处，他们不会对其他人产生同理心，更不会相信他人的视角。如果你是被没有同理心的人抚养长大的，那么往后很长时间里，你很可能也会选择缺乏同理心的朋友和伴侣。你要记住，这些都是你治愈之旅的一部分，只要你没有白白浪费自己的痛苦，从中学到了东西，那么就没有任何一段关系是错误的。你要学会把这些错误利用起来，从中习得同理心，了解同理心在你的成长中可以发挥哪些有利影响。

同理心，是指你感悟他人感受和情绪的能力。你能设身处地地站在对方的角度去感受他们的感受，就如同那些情况发生在你自己身上一样。同理心是情商的一个关键因素，情商是一种技能，这种技能可衡量、可成长，并且与任何人的情感相关。同理心使你与他人建立起深厚的情感联系，这远远超出了

"同情心"的范畴。你可以将"同情"看作你对某人的感受，而"同理心"则是你使用假设与想象，感他人之所感。同理心十分珍贵，往往是你通过自己生活中的痛苦片段获取的；是你在遭到厌弃、心碎、伤害、失败、羞辱以及允许自己被看到后形成的。从本质上讲，是你自己的痛苦经历帮助你感知并与他人的痛苦共鸣。

讲述自己的故事，是与他人建立蕴含同理心的重要联系的有效方式之一。你的故事蕴含着足够的力量，让别人觉得自己并不孤单，觉得还有人和自己一样遭受过或正遭受着痛苦。你本人的故事充满了情感，而情感是全世界共通的语言，它们有足够强大的能量将我们与他人联系在一起。你的故事让你真实，让你成为活生生的人。它定义了你是谁，记录了你如何成为现在的你，也让他人与你产生共鸣。因此，讲述自己的故事可以在幸存者之间形成纽带，创建起基于同理心的关联性群体。

疗愈的天赋：讲述你的故事

对于很多人而言，在一生中做过最有力量的事，就是讲述自己的故事。我在自己的第一本书《予己以爱：如何成为你自己》(*Loving Yourself: The Mastery of Being Your Own Person*)中讲述我的故事时，就希望我的痛苦能够坦露在家人眼前，希望能感受到他们的关心、悔恨，以及我从未在他们那里得到过的同理心。我迫切地需要感受到我所经历的事对他们很重要，我迫切想要听到他们由衷的道歉，听到他们对我解释说，在某种程度上，他们那时已经在自己有限的能力下为我竭尽全力。可是，正如所有有毒的人一样，我的家人们并没有把我的书看作我的故事，而是将他们自己视为故事的主角。假如他们读了我后来写的那些书，也会是同样的感觉，也会继续对我进行煤气灯操控，去歪曲我的经历，说我是骗子。然而，这些经历那么痛苦，是我想编都编不出来的。

无论你的家庭成员如何试着去删减情节、找借口开脱、歪曲事实或撒谎掩盖，你的真实家庭状况都是不会改变的。他们滑稽的伎俩并不能减损或改变既成的事实，你也没有责任为一个无从协商的事实讨价还价。这就是为什么我的许多病人在发现我可以理解他们时，会感到极大的宽慰——我的理解，不是源于我的研究领域，而是由于我遭受过和他们惊人相似的痛苦。

不再期待自己的故事可以帮助、启迪、协助或改变有毒的家庭，当你理解了这一点，才能得到最真实也是最深层意义上的解放，而这也是我为你们定下的最重要的目标。我希望你们可以通过这本书与自己和其他有着相同经历的人建立联系，共同的经历使我们更容易理解彼此。我希望能讲出你的故事，这样你就不用再一个人默默忍受。如果你不知从何讲起，可以参考以下这些方法：

- 写作。无论你是否与他人分享写作的内容，写作本身都有治愈性。日记是一个安全的私人领域，在那里你可以充分表达自己，表达被事物激起的反应和想法，并在直接与他人分享痛苦之前，自己先分析出其中蕴含的道理。如果你不写日记，那你可以用直接向虐待者写信的形式记录下那些内容（信件不用寄出），也可以仅仅在一张纸或手机上做记录。
- 心理治疗。治疗关系是一个安全、封闭的环境，它可以让你在不受他人评判的状态下清空自己的情绪。在治疗关系中，你将被鼓励去寻找痛苦的意义，从而激发自己作为一个人的所有潜能。
- 向一个值得信任的朋友或你爱的人倾诉。如果朋友们能够为你提供一个安全的、不带评判色彩的自我表达空间，那么其效果不亚于心理治疗。

关于同理心，还有一种棘手而复杂的情况。体会到同理心既是一种福祉，也可能成为一种诅咒。能够感受到他人的感受是件不可思议的幸事，它创造了一个空间，在这个空间里，每个人脆弱的自我都能够被全盘接受，并且知道自己并不孤单，终会安然无恙。然而，若你不知不觉地将同理心用在一个有毒的人身上，那么同理心便可能成为一种诅咒。这个人可能会利用你的心软进一步剥削你、操纵你，使你陷入越来越深的不安之中。

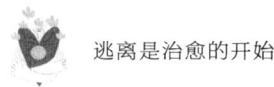

过早地假设他人是高尚的，结局可能是致命的。你可以培养一种健康的态度，拒绝在任何对你有毒的人身上花费时间，哪怕只有一分钟。对于怀抱着同理心的你来说，你需要学会同时保护自己。这样，你就不会被所谓的爱迷住双眼，也不会一厢情愿，而是会立足于你观察到的现实。

自我治愈 Tip

永远不要为了那些充满谎言的人牺牲关于自己的真相。

自我治愈 Tip

你的故事越多地被讲述出来，越多地被别人看到、听到与认可，你就能越深入地与他人建立起相互理解和共情的联系，也就越能得到痊愈。

训练后的移情者

作为一个受过训练的移情者，你从以往的伤心事中汲取了经验教训，由此可以判断谁可以或不可以进入你的生活。因为你经过了训练，你会关注一个人的行为而非他们的语言。要知道，操纵者们都很精通文字游戏，他们的话往往听起来很美妙，他们会承诺很多事情，但很少会付诸行动。他们所说的，不过是你当时希望听到的，而不是关于你的现实。你要去触摸真正的现实，而不是你想象中现实的样子。真正的现实会清除虚幻的希望，避免你陷于"有可能""有机会"的假设当中。从同理心出发，你不会使用否认、辩解、讨好等措施，也不会为了舒适而放下勇气，你会选择成熟、客观、敏锐、优雅且警觉的行事方式。

对于移情者而言，接受心理辅导是很有必要的。生活紧张而热烈，你能看见事物、感知事物、了解事物，有时候，你也必须接受这些事物带来的伤害，因为所有伤害都存在痊愈的可能。心理治疗可以帮助你不再习惯性地为错误找理由，也不会因为畏惧而降低自己的底线，它将使你拥有智慧和洞察力，支持你绝不为任何形式的操纵行为辩护。

以下是移情者自我训练的方法，这些方法可以帮你不让别人决定、控制或动摇你，从而不断靠近内心深处的真相：

- 与那些毫无原因就恶意对待你的人划清界限。
- 对于那些忽视你的真实经历，只会指责你过于敏感或界限感"过强"的人，要毫不容忍。
- 结束那些单向取悦的关系，选择让双方都感到舒适满意的关系。
- 在判断对方是否有毒的时候，遵循自己的直觉。
- 拒绝把时间和精力浪费在不能理解你的人身上。
- 把沉默当作一种超能力。感觉没有什么话可说的时候，就什么都不说。

因为你具备了同理心，你确实能成为更好的朋友、更好的爱人以及更好的父母。然而，如果你不能把帮助和治愈自己放在第一位，你也就无法帮助或治愈别人。每个有毒家庭里的替罪羊都是天使，而并非别人口中的累赘，你在这一生中，因为自身经历而被赋予了非常特殊的使命——你拥有了同理心这项能力，这也将成为你珍贵的、积极向上的能力。

"爱自己"的力量

当你开始专注于滋养自己和投资自己时，就会发生奇迹。试着用同理心来代替自我批评，你便朝着爱自己迈出了一步。当你学会爱自己，你就会很快接受以下观念，并且毫无心理负担：

- 你还需要学习一些东西。
- 生活会为你提供成长与改变所需的经验。
- 你最难信任的人是自己。
- 与其说你的家庭成员背叛了你，不如说他们露出了自己的真面目。

当你从这些角度来看待痛苦时，它便给予了你治愈。"爱自己"是通往康复与发现的冒险之旅，在这里，你可以从一个更辽阔的视角看待你的家人，而不是困在他们禁锢你的那个阴暗角落。"爱自己"还是一种拓宽，爱会一直在你心中，你可以从自己的内心生长出无穷的爱。

要达到这样的境界，就要审视你成长过程中围绕"爱"所展开的关系模式，弄清楚它们是如何影响到你如今对爱的看法。记住，你是通过仿效家人爱你的方式来学会爱自己的，如果那时他们对你的爱不存在，那你也就自然不知道如何爱自己。

练习题：给自己一点时间，思考以下与"爱自己"有关的问题和观点。

- 当你考虑"爱自己"的时候，你认为你的家庭表达爱（或不表达爱）的方式造就了你怎样的童年模式？
- 在你成年后的人际关系中，你能分辨出原生家庭在哪些问题上对你影响深远吗？
- 你所得到的爱，是健康、丰沛、持续、充满尊重和分寸感的吗？
- 根据你的经历，你的父母或其他家庭成员之间的爱是什么样的？有没有人被偏爱或被遗弃？

当你探研以上这些问题时，你就已经开始以自己从未体会过的方式去爱自己了。接下来，是我为你提供的一些爱自己的有效途径。

- 允许自己去感受所有的情绪。
- 不要为了保护对方的自尊心而故意让自己表现得"不如别人"。
- 不要因为爱一个人而自动忽视他们身上有毒的事实,否则你最终会伤害到自己。
- 允许自己一直真实、坦诚、忠于事实。
- 当你受伤时,请记住你会因此有所成长,就好像钻石必须经过大山的重压才能形成。
- 你不需要让生活中的每个人都赞成你。
- 永远选择做有益于未来的事。为了你的未来,你可以牺牲一点点现在,比如在需要你解决问题的时候,你应该想尽办法解决它,而不是花一个小时去刷手机。

既然你希望自己获得完整的爱和健康,那就做一些事情来实现它。比如,把以上自爱的方法牢记在心里,然后尽力照顾自己,当你痊愈之时,也就是你发现自我价值的重生时刻,你从此可以不断向自己提供爱的新体验。

自我治愈 Tip

即使别人不愿爱你,你也要选择爱自己。

为自己着想的重要性

"为自己着想",这几个字意味着你需要采取行动,使自己的身体、情感、心理和关系等方面达到最佳水平。家庭功能的失常,让你长期以来都偏执地相信:如果自己能找到完美的表述方式,列举出最清晰的实例,并以适当的力度、在适当的时间、用完美的语气、以所有正确的事实和证据证明自己遭到虐待的经历,就一定能在自己与家人之间建立理解和联系。抛弃幻想吧,这愿望现在无法实现,将来也不可能。

在专业人士和那些真正爱你的人看来,只要你准备好了,逃离家庭的虐待就绝对堪称一种"为自己着想"的勇敢行为。有一点我要提醒你,那就是许多心理治疗师并不了解有毒家庭系统,也不了解其中的各种复杂动态,他们可能会无意中反驳你的经历,或者会错误地只着眼于解决你对虐待的反应,而不是虐待本身。

在一些从业者的概念中,违背家庭的文化定义是件极其可怕的事。而你的家庭成员们恰巧擅长在治疗师面前伪装出一副面孔,以此美化自己的形象。而这种经过他们美化的形象,往往足以动摇治疗师的看法。如果你的家人控制欲强,还自视甚高,那么家庭治疗就很难有效。你的家人一旦认为治疗师与他们意见一致,就会得意扬扬;如果他们发现治疗中需要审视自己,并为自己的行为负责时,他们就会感到无比厌恶,并立即终止治疗。

因此,你有必要在"为自己着想"上更进一步,确保你首先完成对自己的诊疗，从而保证在此期间治疗师的关注重心都在你身上。而围绕"为自己着想"的一条核心建议是：别再试图解决那些你与家人之间不可能解决的问题。如果你期望通过换一种说法、举出更好的例子以及使用不同的语气，从而换来你的家人的理解和接受，那你最好趁早打消这个念头。**任何鼓励你通过完善自己去适应不正常家庭环境的建议，都是在与你的健康和利益背道而驰。**这类建议具有极大的破坏性，它们不是在帮你解毒，而是加大了毒药的剂量。真正能解毒的，是你对自己幸福的足够关心，是你离开了那些给你带来伤害的人或事。这才是你的权利。

下面这些技巧，将详细教会你如何为自己着想：

- 重视自己的极限。当你感觉自己承担太多责任，做出太多道歉，遭遇太多痛苦，付出太多辛劳并没有得到回报的时候，一定要格外当心。为了防止被压垮，你可以把一部分事情委托给别人处理。
- 充分休息。对于大多数在虐待型家庭中长大的人来说，想要睡得好并不现实，焦虑和睡眠无法很好地相互适配。你应该听从身体的需求，通过使用应用程序（APP）或其他行之有效的入睡方法训练自己去休息。休息得越多，你的情绪就会越稳定，就会有更多的能量支持自己度过每一天。
- 吃健康的食物。你可以通过饮食滋养自己，一般来说，摄入食物的自然色彩越是缤纷多样，你的身体和精神获取的养分和愉悦感就越多，在填饱肚子的同时，也向大脑提供了能量。如果你想拥有健康丰沛、充满活力的感觉，并且拥有管理自己情绪的能力，吃健康的食物是必备的前提。

- 锻炼身体。事实不断向我们证明，锻炼身体比精神药物更能刺激情绪激素的分泌。此外，锻炼还能增强大脑神经的可塑性，让你充分发挥自己的能力。无论你选择什么样的运动形式，运动本身都能为你的情绪提供具有创造性的出口，是你表达与释放的一个上佳途径。

- 在生活的间歇小憩一下。在一天的生活中短暂地休息一下很重要。大多数来自心理虐待型家庭的孩子都是高度敏感的，这意味着你比普通人更容易受到刺激，更能意识到疼痛、噪声、光照、气味，环境的变化以及社交方面的细微差别，所以你需要一段独处的时间，用休息让自己放松，给自己充充电。

- 自查自检。花时间去了解自己。一个人在一天之内可以经历多少次情感上的体验，答案会让人们深感惊诧。大多数有毒家庭的幸存者都是擅长思虑与感知的人，这就更需要你对自己进行柔和的自我审视。在这些时刻，你会意识到，"爱自己"这件事是多么值得。

- 开心娱乐。受成长环境的影响，你很容易把生活看得太过严肃，觉得生活的每个时刻都潜藏着类似期末考试般的考验，自己必须通过它们，否则就会付出惨痛的代价。现

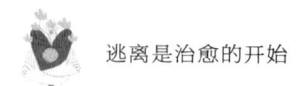

在，放松下来吧，花一些时间用在娱乐上——无论是自己一个人，还是与你喜爱的人们在一起——这经历对你很重要。尽情地玩，不要有顾虑！
- 滋养你的精神。你一定要花时间培养你的精神，你可以做瑜伽、冥想、正念、祈祷、在大自然中排遣时间、阅读或写日记，以及用各种你喜欢的形式。当你这样做时，你会意识到你有一部分是完美的，而且这个部分远远超越你的痛苦，你不需要为了别人的话而改变。

"为自己着想"包含了两重含义：为你"曾经的样子"和"正在成为的人"感到骄傲。你要为自己那些被逼迫而愤然做出的决定感到骄傲，因为无论当时是否心甘情愿，这些决定都将你从家庭的羞辱中解脱了出来。你应该为你的勇敢感到骄傲，是它让你在切断联系的决定上更进一步，踏上了治愈自己的道路，并且让你明白，自己值得拥有以下美好的东西：

- 获得快乐。
- 感受安稳。
- 被爱你的人爱着。
- 在一段可预测的关系中体会安全感。
- 喜好与梦想得到理解和支持。
- 当你感到沮丧时，有人给你支撑。
- 有成为"完整而真实的自己"的自由。

- 能与他人建立深入而美妙的关系。
- 能知悉真相,并得到仁爱的对待。
- 受到尊重,被以礼相待。
- 拥有幸福而满足的生活。

上面的这一切,以及更多没有写出来的东西都是你应得的。对你而言,真正的治愈并不止步于做出断绝来往的决定,这只是第一步。做出决定后,在你脱离家庭,独自面对外部世界时,才是最需要勇气支撑的时刻。你的决定堪称英勇,你真正做到了为自己着想,并且努力挽回你的生活、你的自我价值感和自我尊严,并且,你能从中获得宝贵的认识,知道以后自己可以包容什么,又将不再容忍什么。你有了自我认同感,知道自己应得的是什么,并经常提醒自己这一点,由此,你开始建立你一直渴望的健康且充满爱的关系。到这里,你成功达到了为自己着想的终极境界。

自我治愈 Tip

过度解释是一种创伤反应。

自我治愈 Tip

沟通不是成就良好关系的关键,理解力才是。如果一个人执着于自己狭隘而刻板的观念,那么,你与他进行多少沟通都没有意义。

第12章

学会脆弱，才能拥有深刻持久的关系

学会脆弱，是建立深刻和持久关系的途径。

作家布琳·布朗曾描述称，为了与别人发展情感关系，你必须允许自己被看到。她还在此基础上讨论了"令人苦恼的脆弱感"，因为"被人看到"这件事很可能使你感到自己**很脆弱、容易遭人攻击**，尤其是在你被灌输了错误观点，相信自己做了太多坏事的情况下。因为有毒的羞耻感和自我怀疑，你感到十分压抑，并且封存起了自己的情绪。根据布朗的说法，真正能感觉到自己价值的人都有一个共同点，那就是：毫无保留地活着。真正知道自己价值的人，会有勇气做一个不完美的人。而作为一个来自高度不健全家庭的人，你会过于努力地追求完美，只有当你拥有了勇气和对自己的悲悯之心，才能获得创造深刻持久关系的能力。

练习题：给自己一点时间仔细想想，"不完美"对你的人生意味着什么？如果你接受了自己的脆弱，会去尝试新事物吗？会去认识和以前不同的人吗？会去体验新的生活方式，包括脱下盔甲毫无保留地生活吗？如果回答"是"，你认为自己的生活因此会发生什么变化？

学习接受脆弱

过去，当我想到"脆弱"这个概念时，眼前会出现一幅可怕的画面：我在一群人面前赤身裸体，有人拿着红色唇膏圈画出我身上的脂肪。"脆弱"这个词让我们中的许多人与内心最深的不安感狭路相逢。操纵型的家庭里没有脆弱这回事，在这些家庭中，唯一可行的选项就是自我保护。施虐者会抓住你最脆弱的地方虐待你，所以你必须把弱点深深地掩藏起来，以防暴露。

要获得疗愈就需要撤下防护，露出这些被保护着的地方。而脆弱需要你允许自己去感受无力、困乏、恐惧或愤怒。你不必为脆弱感到羞耻。接受脆弱可以帮助你避免隐藏、假装、过度补偿，也可以帮助你不再对那些造就真实的你的事件与情感掩掩藏藏。这多么令人欣慰啊！

生活中再没有什么比操纵、厌弃或心碎更让你感到脆弱的了。如果你来自一个有毒的家庭，诱使你心碎的情绪触发点会埋藏在你的内心深处，多年后，当已经成年的你失去了一段感情，你不仅会从当前的失去中感受到创伤，还会重新唤醒过去那些本不应该伤害你的人带给你累积的心碎。对于有毒家庭的成年幸存者来说,可能很难分辨旧的伤口到哪里为止,而当前新的伤口又从哪里开始,但这并不意味着你没有痊愈。如果你能把这些认知融入你的人生态度,这意味着你会一直处在治愈的过程中。

心碎带来的宝贵经验

心碎,即失去你所爱之人或所爱的事物,确实是不折不扣的严重创伤。但是,心碎也确保了你那写满不安的伤口会暴露出来。下面这段描述,将有助于正确认识并对待自己的心碎时刻:

在我最近一次经历心碎的过程中,我认识到自己有一些不可思议的特别之处。我意识到自己一直以来似乎在寻找一个能够亲吻、呵护我伤口并使之愈合的伴侣。我之所以如此,是因为在内心深处,我一直被教导着唯有别人的爱才能使我得到治愈。我幻想别人的爱包含着治愈我的能量,而也正因如此,我认为只要自己成为一个宝贵、可爱和值得让人付出的人,我所期待的爱就会自然而来。结果就是,我把靠自己努力得来的一切全都归功于他人,包括我对自己的治愈,以及我为了接近自己希望的模样而付出的努力。

我认为,这种把自己的努力成果归功于他人的行为模式,来自一种深层次的渴望,即希望有人拯救我,就像健康的父母会不惜一切代价保护和拯救他们的孩子那样。也许，我是希望把这个功劳送给别人能取悦对方，好让他们觉得自己像个英雄；也许，我觉得如果他们在我身边要是能感到自己像个英雄，那么他们就会爱上这种当英雄的感觉，从而对我产生依恋。这一切，都是因为我很早就知道，让我的家庭成员自我感觉良好是我的责任，特别是在他们对我实施了最严酷的施虐后，而我自己的需求，往往是在烦恼和沮丧中得到满足的。

就在最近，当我沉浸在丧失一段关系的悲痛中时，却幸运地邂逅了意想不到的美丽时刻。我发现：唯一一个真正吻过我、爱过我、将我的生活拉回正轨的人，无论过去、现在还是将来，都是我自己。即使我尽我所能帮助了自己，也因为效果不是预想的样子，所以一直认为自己没有得到治愈。这主要是因为我对疗愈有个误解，我认为如果我的所作所为没能给自己带来舒适，那一定是我的方法不对。我错误地认为自己毫无进展，并认为只有那些伤害我的人来疗愈我，才能让我感觉良好。这可真诡异，我们竟然向给自己带来痛苦的根源寻求治愈，心碎的感觉真是难以捉摸啊。

不幸的是，这种将所有努力归功于他人的习惯，会让人们更加对我视而不见，而我无法责怪他们。他们并不拥有治愈我的资格，我却将功劳赠送给了他们，而且给得慷慨大方。现在回想起来，我只感到一阵阵难过，这些人明明什么都没做，却换来了一个在我的生命中比我自己都重要的位置。我的做法为他们创造了一个空间，让他们可以不计后果地对待我、利用

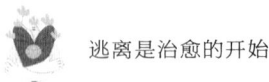

我，而他们也确实这样做了。他们有什么理由不这么做呢？这可真是个深刻的教训。

我将永远珍视那个宝贵的时刻，那一刻我意识到自己一直拥有的最值得信赖和最饱含着爱的关系，一直在我身边不离不弃、始终如一的关系，正是我与自己的关系。这个认知对我产生了极大的震撼；是我在自己最艰难、最私密、最伤心欲绝的时刻陪在自己身边；是我不得不安慰和指导自己熬过自我憎恨、自我怀疑和被抛弃、心碎和羞耻的感受。

这次心碎之后，我马上与自己达成了一个约定——不再把靠自己获得的治愈和人生中可喜的进展归功于任何人。今天，我将感谢并满怀深情地承认那些曾对我慷慨付出时间、无条件的爱与支持的人，他们很了不起，但我不会把我的成长再归功于他们，他们也不希望我这样做。

你也许像我一样，从来都没意识到自己的功劳，也不知道自己理应配得上怎样的荣誉。我从家人那里得到的诋毁必然多于赞扬，孩提时的我对这些评价深信不疑，因为所有的孩子天然相信父母，难道我们当年还有别的选择吗？随着我长大成人，在内心深处的某个地方，我会希望自己能为自我治愈而获得赞扬。这是一种释放，也是足以改变人一生的力量。

你也可以拥有这种力量。

练习题：给自己一点时间，回想一下心碎究竟是种怎样的体验。你是否将复原自己的权利交给他人？你到底又是怎么治愈的？你从中学到了什么？

自我治愈 Tip

你的弱点不会使你成为累赘，相反，它们恰到好处地让你更添了人情味。

自我治愈 Tip

没有人能比你更好地爱自己和治愈自己，这是你的专长。记住，最了解、最深爱你的人，永远都是你自己。

情感力量的真相

为了成为一个健康的个体，我与具有破坏性的原生家庭划分了界限，并且与一些人际关系做出了切割。针对我的以上决定，许多人评价我说："你太坚强了。"是的，我内心有一部分是很认同自己的坚强的，我也很感激别人能欣赏我的这种特质。然而，在"坚强"背后，藏着一个许多人没有意识到的真相。我承认在大多数情况下，我做的事情确实都很勇敢，是大多数人都会避免做的事，我那样做，是因为我觉得自己必须那样做，并不是因为我想那样做。在做出这些勇敢的事情时，我常常会感觉震动、犹豫、恐惧、困惑和崩溃。

练习题：给自己一点时间回想一下，当你为拯救自己的幸

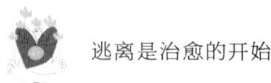

福与内心健康，而不得不做出勇敢而痛苦的决定时，你是什么感觉？当别人夸奖你很坚强时，你又是什么感觉？

如果你与家人之间的关系淡漠，那你的"勇敢"就更具挑战性了。对于成年人而言，决定逃离有毒的非家庭关系，算得上是几大"被动事情"之一，因为你不得不面对一种完全孤独的状态，以及由此带来的不安。你甚至可能会误解自己，认为自己是所有问题里共同存在的那个因素。实事求是地说，你确实是所有问题的部分原因，那就是：你因为创伤而成为一个"糟糕的挑选者"。

如果你现在正设法摆脱一段带有情感虐待的关系，即使这个决定在短期内不会让你感觉良好，你也是在做正确且勇敢的事。勇敢本身可以支撑你走出任何一段关系，但你仍然会感到失去的痛苦，以至于你以为自己的伤口永远没有机会愈合了，你只能看到心碎之下还累积着层层心碎。

这就是童年深层创伤的愈合过程，属于你的治愈就是这个样子。所以，你一定要接受心碎是你旅程中不可分割的组成部分，只有穿越这个最具挑战的时期，你才会获得成长。如果没有心碎这个重要的组成部分，一路顺风顺水，你也就没有了未来的光芒四射和强大有力。

随着时间的推移，通过阅历、成就、失败和心碎，你可以获得自我价值感，并发展自己的家庭，选择更健康的关系，培养更深层次的爱以及对自己的尊重。

我们能从深度创伤中完全恢复吗

每当心碎的感觉震动着我的世界时，我都会忍不住怀疑一件事——幸存者们内心深处严重的自我价值缺失，真的有可能得到完全的治愈吗？

作为专业人士，我很清楚大脑的杏仁核和海马体结构是如何发育的，所以，我不相信情感虐待产生的深层创伤可以完全修复。但是，我相信每当它们受到刺激时，都能让你成为一名强大、英勇战士的可能性更增一分。我还相信，随着时间的推移，你的技能与心态都会发生改变，你能重新站起来，选择更健康的关系，组建并经营自己的家庭，培养对真实自己的爱与尊重，由此，你获得了充足的价值感。

然而，在我们的内心深处，依然有个地方困扰着我们，让我们怀疑自己是否真的有价值，是不是真的足够好。这是因为在我们固有的思想中，"爱"必须通过努力争取才能获得，并且后续还要一路小心维护。所以，无论我们做了多少努力，在面对真正的失去或拒绝时，内心深处还是会浮现出自我价值的缺失感。

我们应该怎么应对呢？在每一个崩溃的时刻，我们最先要做的，就是捍卫自己的自我价值感，哪怕这价值我们有时难以感知。就拿我来说，当有人或事触动了我的底线时，我对自己的支持似乎最为坚定。我守着自己的底线，并且意识到自己是唯一坚守于此的人，我是自己唯一的后盾——过去一直如此，将来也永远是这样。然后，我选择继续前进，专注于如何迈出下一步。

练习题：给自己一点时间回想一下，在坚守底线的问题上，你是否充当了自己的后盾？如果是，你具体是怎么做的？

每个人都难免有低自尊的状态，与其把自己的这一部分贴上"坏"的标签，不如将它视为自己脆弱又可爱的一面。你将永远训练、尊重、保护和滋养它，而它将一直教导你继续前进与成长。因此，当你穿行于这个充满各色人等的世界时，你首先要尊重的，就是你与自己的关系。你越是能无条件地支持自己，就越能与别人分享你的"**真我**"。等到你可以在别人面前展现出脆弱"**真我**"的那一天，你就会感激自己，因为是你帮助自己走了这么远。

记住，无论别人怎样，你都会为自己而存在。

第三部分 03

实用的善后方法

第13章

提防家人们的"怀恨在心"

对很多人而言，本章内容或许具有警告意味。

事实上，即使你已经切断了联系，严格设定了不同层次的边界，并且你个人的疗愈也有条不紊地进行着，但所有这些，并不会对你的有毒家庭及其运转模式产生什么影响。所以，你必须了解一件事，那就是究竟是什么让你的家人变成了如今的模样。对你而言，没有病态到"能自然而然地理解他们"是一件幸事。**要知道，魔鬼最厉害的伎俩，就是让人们相信他并不存在。**但是，你对有毒家庭了解得越多，获取的信息也就越多；你理解得越深，恢复健康和感受完整自我的可能性就越大。

在实施心理虐待的家庭系统中，知识的能量比想象中强大，个人教育将成为你成长中一个庞大、持续而关键的组成部分。你需要一次又一次地提醒自己，家庭成员恶意对待的源头并不是你，而是他们自身严重的性格缺陷。心理不健全的人，在其精神内核层面遭受着自我憎恨和被深度内化的羞耻感。在了解你的家庭成员时，要明白他们永远没有权力将自己的创伤在你身上重演。

如果你试图像理解健康人那样去理解有毒的人，那你只会更加困惑与痛苦。如果你从与自己截然相反的视角去看待有毒之人，那就容易多了。你是个有同理心的人，所以你首先关心的是别人，而有毒的人会将自己放在第一位。在关系中，你在乎的是你带给对方什么感觉，有毒的人关心的则是你让他们感觉如何。你关注的重点是你能给予对方什么，而有毒之人关注的重点是他们能得到多少。

关于有毒家人的关键词

1.违心之举

说到你的家庭，只需要一个词就可以诠释你正在面对的问题：违心之举。具体说，就是你家人的外在表现与他们的内心世界没什么关系。你可以回忆一下我们对家庭"广告牌"的讨论，我们从有毒家庭的广告牌中分解出了一个谎言：那是一条虚假的广告，表面的内容很体面很美好，内里却问题丛生、岌岌可危。有数不清的患者曾对我说过这样的话："没有人会相信我的家庭是多么病态，除了我，人人都爱我的那些家人。"实际上，你的家庭成员们更像猎手，他们通过你的反应不断猎取权力。

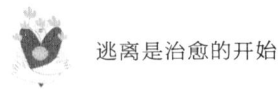

2.掠夺与守擂

在社会交往和家庭生活中,由高压操控的家庭系统往往采取守擂制度,不仅家庭中的孩子们无法幸免,而且遭受最严重虐待的正是孩子们——因为从更年幼、更不设防且完全依赖自己的人身上攫取权力会更加容易。儿童既没有经历过必要的心理发展,也没有能力去处理诸如"操纵"或"情感虐待"等问题。作为一个孩子,你无法理解为什么你的家庭成员们会将几乎所有精力都花在与别人的无声竞争中,而这"别人"里也包括你。这是因为,他们认为必须为脆弱的自我清除潜在威胁,并无休止地证明自己比周围的人更好、更强。这种守擂,既意味着他们的生活永无宁日,并且,他们还会想要毁掉别人的生活,尤其是你的。对于你的家庭成员来说,唯有他们自己的需求才是重要的。

3.胜利者与失败者

在你的家人眼中,只存在两种展示自己的方式:赢家或输家。由于他们看待世界的视角无比单一,所以会不惜一切代价确保自己是赢家。他们不能容忍自己被贬低或忽视,例如,在一群人中,如果别人得到了赞美,他们就会感到自己遭到了贬低。这让他们对获得赞美的人充满嫉妒和憎恨,他们会一心想要解决掉那个被称赞的人,即使那个人是自己的孩子。

他们会识别出任何威胁到脆弱自我的人或事,并立即将其扔出去。如果威胁仍然存在,他们会不择手段地消灭对方。当有人说出或做出一些事，让你的有毒家庭成员感到了自己的渺小、脆弱甚至是缺陷时，他们的被威胁指数会瞬间爆棚。如果有人奚落或羞辱他们，他们就会释放出几十年来积蓄的愤怒，直到他们在言语或情感上自认为摧毁了目标，才会罢休。当你和家人断绝来往，他们对你采取的虐待便是源于这种报复性冲动。若一个人从未与具有强烈毒性的人产生密切接触，就永远无法想象对方在受刺激露出真面目时，究竟会喷发出怎样丑陋而兽性的怒火。如果他们认为你超过了他们，就会将你视为最该被逮捕的罪犯，为了让你付出他们认为应该的"代价"，他们将不择手段。

成为这种家人虐待的对象非常可怕，因为他们不仅充满恶意，而且反复无常。在他们看来，想要摧毁自己眼中的对手理所当然，为此他们会无视并翻越任何界限。即便如此，你也不可能习惯这种来自家人的情感暴力。在切断联系后，你或许希望他们最终会厌倦你的沉默，转而去找别人的麻烦。不幸的是，在他们看来，你身为血亲却胆敢站出来反对他们，这严重伤害了他们的自尊心，因而激怒了他们。

如果你想离开家庭，你要明白你的家人必然不会让你轻易脱身，所以，你必须准备好如何处理切断联系后的家庭问题。下一章，我将帮你预测并学会应对常见的挑战。

第14章

如何处理二次虐待

通常情况下，来自你家人的虐待与操纵，并不会因为你决定不再与他们接触而停下。这一章，我将帮你了解为了达到这一目的，他们将采取哪些手段。我会重点介绍一些他们最喜欢、最常用的策略，并提供案例和解决方案，帮助你有效解决这些问题。

二次虐待和三个常见的场景

二次虐待，是指当家人的虐待直接发生在你身上时，旁观者因无法看到、理解或核实虐待的真实情况，因而对你造成了不良反应。这里的旁观者指的是关系的外部观察者，即使情感虐待就发生在他们面前，他们也往往无法意识到其阴险之处，而当他们无意中指责、批评和质疑你对隐秘虐待的反应时，二次虐待就发生了。

旁观者中的许多人会试着讲道理劝导你，而他们的质疑和施压，便是二次虐待。同时，当那些不懂你的人加入针对你的家庭斗争中时，也会产生二次虐待。旁观者们这样做，是因为他们已经被洗脑了，认定你是一个可怕的人，这也促使了他们在不经意中助纣为虐。

下面将为你分析二次虐待的三个常见场景：礼物与贺卡、经济虐待、疾病与死亡。

1.礼物与贺卡

在你划定界限不再联系后，你的家人可能会试图通过赠送礼物或问候卡片重新潜入你的生活。通常，他们送来的礼物和说出的话，都会带有一种隐晦的攻击意味，旁人并不一定能识别出来。在我与家庭疏远的头两年里，他们寄给我的卡片里充满了病态的甜言蜜语，与我们当时的关系状态极不协调。礼物和卡片上的用语对我的创伤闪烁其词，仿佛它从未发生过一样。我意识到，他们想用这些浮夸的表达、奢侈的礼物公然抹掉他们的虐待，但这些形式根本就不是真正的道歉，也算不上修复关系的手段。你的家人或许也是如此，十分擅长用虚假的感情实现自己的目的。

家庭成员们用礼物和卡片挽回你，这背后真正的原因，无外乎是为了维护他们的"好人"形象，并削弱你口中关于他们残忍行径的可信度。他们是为了继续操纵你才寄来这些东西，而不是为了给你带来益处。旁观者们如你的朋友、孩子、恋人或其他亲友，很可能是看不穿这些病态的甜言蜜语的，他们会相信这些话，认为你的家人至少在努力弥合与你的关系。他们无法理解你的家人只是希望自己看起来像个好人，而不是真的要做个好人。当不知情的人相信这种虚假的情感时，他们会错误地认为你是恶人，有些人甚至会因为你不回应家人而指责你。这些基于外部表象对你的处境得出的错误假设和结论，都属于二次虐待。

切断联系后，你的目标应该是要达到这样的境界：其他人相信你家人编造的有关你的虚假故事，或者愿意把他们的虚情假意视为真诚的努力。所有这些，都只是整个过程的一部分。你不用试图说服那些相信谎言的人，那只能浪费你的时间、精神和情绪。你知道你家庭的真相，因为你得不到爱与尊重，所以你有权逃离。你不欠任何人一个解释。

自我治愈 Tip

掠夺成性的家庭成员们，会以"爱的包裹"的形式继续传递虐待。

2.经济虐待

你的家人可能会以某种形式对你实施经济虐待，这也是他们最喜欢使用的一种二次虐待的方式。在存在心理虐待的家庭里，将金钱当作武器是很常见的，你得到的任何一件东西，之后都会被家人当作诱发你负罪感的筹码。在有毒的家庭系统中，孩子更多地被当作可供占有的物品，而不是具有需求、想法、欲望与独立感受的人，在这种家庭氛围中，金钱是用来交换服从的。这种家庭的组成方式严重缺乏逻辑，充斥着操纵，父母会将为孩子需要的东西付费视为一种伟大的牺牲，而不是养育过程的正常组成部分。

在我的那间办公室里，我曾不止一次听到一些父母抱怨自己要为洗发水或食物等必需品付钱，如果你是他们的孩子，你会觉得花在你身上的每一分钱都是一种负担。但这负担不是因为家庭真的缺乏资金，需要节约，而是因为你觉得自己不配花这些钱。可悲的是，当你成年后，会很难接受来自任何人的任何东西，包括帮助。如果你接受了，就会条件反射地觉得自己欠了人情。所以，那些爱你的人在生活中给予你帮助时，你常常给不出他们期待中的积极反馈。

我们所说的经济虐待，不是指被宠坏的或拥有权力的成年人以断绝来往为威胁，逼迫家庭成员满足他们不合理的经济要求。我认识或治疗过的大多数人，在他们的一生中，都曾以某种形式断断续续地得到过家庭的经济支持、帮助或馈赠，但这些人中没有一个是被过分溺爱或纵容的。真正健康的家庭成员——无论是父母、祖父母、兄弟姐妹或者大家庭的其他成员——在他们所爱之人成年后，仍会选择为其提供经济帮助，这是因为他们想要确保自己所爱之人（无论年龄大小）的需求得到满足。有经济能力的无毒家人，更乐于在关键时期、重大时刻或过渡阶段为他们所爱之人做出贡献，以帮助对方成功和

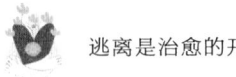

幸福。不幸的是，你那些有毒的家人不在此列，一旦你切断了与他们的联系，金钱就会成为他们操纵你的有效手段。

请允许我分享一个自己有关经济虐待的真实案例。我举出这个例子的唯一目的，是演示切断联系后，家庭成员会如何在经济上给你带来恶意的影响，以及一旦你也遭遇这种情况，能有哪些选择。

最近，我祖母留下的一笔家族信托基金成了家庭成员操纵我的工具。管理我祖母信托基金的女士发来文件，说我和我的兄弟姐妹们将收到季度报表，并可以开始从本金中提取款项，这让我感到很惊讶。尽管我的祖母曾明确表示，她希望将这笔钱用于支持未来几代人的教育需求——也就是我和我兄弟姐妹的孩子们，但这份信托赋予了我的一位家庭成员一项特权——他可以全权决定如何花掉祖母的这笔钱。

我告诉信托经理，这名家庭成员与我的关系不睦，并表示我担心这会让我、银行和这名家庭成员之间难以达成一致的意见。经理向我保证，她接受过专业培训，一定会保持客观公正。尽管她这么说，但是我看到本金中"已支取额度"的明细里，已经明显体现出了对我的那位家庭成员和这位经理的偏重，其中显示我的兄弟已经为他的孩子支付了两笔可观的私立高中学费，其中一笔取款甚至是在我被告知可以提取款项的一年前取出的。

我想验证一下我的想法，于是，我要求为我女儿申请与我兄弟的孩子同等金额的教育开支，并存入一个与信托基金同家银行管理的账户，这样他们就能确信我不会把钱花在自己身上。对于我的这些电子邮件，对方甚至连封礼貌性的专业回复都没有给，我的邮件被忽略了。信托经理对我的忽视，是典型的二次虐待，我的家人说服她加入了对我的操控计划中。

关心我的人劝我找律师咨询，起初我并不想这样做，但我还是去见了律师，因为我要向支持我的人们证明我知道的就是事情的真相——家人正用祖母的钱对我施加操纵。

那名手握特权的家庭成员认为对我采取行动是完全公正的，他宁可通过威胁我女儿的前途来报复我，也不愿真诚地道歉，更不愿意用某种真正公平的方式来解决我们之间的问题。这名家庭成员将信托文件寄给我，是想让我看到他有从我孩子身上拿走本应属于她的资源的权力。而这个人的错误之处就在于，他不能从我或我的孩子那里夺走他想要的任何东西，因为他永远无法夺走我们的尊严。

当你在乎的人质疑你被虐待的感受时，很遗憾，这也是一种二次虐待。你由此意识到，他人眼里的你，并不是冷静地感知着当下正在发生的操纵，而是很不理智并且幼稚的。

以下三个小窍门，能帮你解决经济上的虐待：

1. 能看出对方正在耍花招，这一点最为关键。
2. 寻求法律建议，确定自己是否采取行动，并且制定行动方案。

3. 沉着冷静地跟进并解决问题，充分保护自己。

综合这三个窍门，我掐灭了家人在经济上操纵我的企图，并且给信托经理发了以下邮件：

亲爱的××：

今天离开律师后，我意识到，尽管我有获取这笔信托资金的权利，但无法真正从中获益，因为你的客户是我那名拥有决定权的家人，而不是我。现在我明白了，为什么我发邮件要求你为我女儿提供与我兄弟孩子同等的资金，你却没有回复。出于这个原因，我不希望再收到季度报表，想让我通过季度报表知道自己被夺取了什么，正是这个人的意图。

我会快乐、谦逊、富足地照顾好自己和女儿。对我们来说，共同拥有并珍视的爱强过一切形式的货币。

如果这个人去世的时候，我的兄弟还没有花完所有的钱，我会要求把祖母信托中剩余的钱存入我女儿的账户。

祝你一切顺利
雪莉·坎贝尔博士

但愿这个故事能对你有帮助和启发，这只是处理切断联系后可能面临的经济虐待的众多方法之一。请记住，经济虐待是有毒的人最爱使用的操纵方式之一。

《揭露经济虐待：当金钱沦为武器》(Exposing Financial Abuse: When Money Is a Weapon) 一书的作者香农·托马斯（Shannon Thomas）告诉我们，若金钱被当作武器，当有毒之人被动地或公然地控制着所有的资源时，此类虐待更有恃无恐。当有毒的人控制了银行账户和信托基金的使用权，或拒绝对其平等分配时，也会发生经济虐待。其中，切断一个孩子（无论年龄大小）的经济来源的想法尤为可怕。我的那位有毒家人曾频繁地谈到祖母为我留下的这笔信托，以至于我一度觉得即使自己事业成功，能在自己收入之外给女儿多一份保障也是令人期待的。

幸运的是，当面对经济虐待时，我们确实还有选择。在我治疗的病人中，有人拿起了法律武器，也有人为了避免失去本应属于他们的金钱，暂时假意地回到了有毒的家庭中，还有一些人像我一样，选择彻底放弃这笔钱。你必须分析自己的具体情况，做出最符合全局的选择。要做到这一点，请思考以下问题，并得出你自己的答案。

健康的家庭会如何处置遗嘱或信托？ 问出这个问题，可以让我们了解无条件的爱和接纳会带来怎样不同的结果。健康的父母或家庭成员会比照我兄弟支取的金额，也为我的女儿存入等额的钱。并且，健康的家庭成员会让你知道：在任何时候，只要你想要进行疗愈和沟通，他们都会在你身边；他们会为你们之间的关系陷入糟糕境地而感到难过，还会为他们在其中未

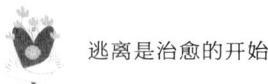

尽的责任深感抱歉。

如果你放弃了金钱，你的家人是不是就算"赢了"？经济虐待的主要目的是阻止你远离他们，进而阻止你摆脱他们。你的家庭利用金钱对你实施二次虐待，是因为钱是他们所膜拜的神明，是带给他们权力的东西。金钱是他们的上帝，他们认为只要有了钱，他们就可以扮演上帝，就可以保持对家庭成员的控制。

幸运的是，金钱不是你的上帝，你永远不需要为了获得金钱而出卖自己。没错，如果你选择放弃金钱，有些人会认为你输给了你的家人们，还有些人会认为，只有获取了家人阻挠你获取的东西，才算得上是"赢"。请记住，断绝来往无关输赢，所以，结局要么是你得到自由和幸福，要么就是得不到。你根本不需要在乎别人眼里你与家人孰胜孰负，事实上，我从来都不在乎我的家人是否觉得是他们打败了我，因为我并没有失去什么。甚至，我拥有他们所没有的一切：我的自由和幸福。

自我治愈 *Tip*

如果你拥有健康的父母或家庭成员，就无须周旋于各种诡计、胁迫和出格的行为中。

3.疾病与死亡

随着你有毒的家人日渐衰老，必然要面临医疗问题，这时，二次虐待会以另一种形式突然出现。你无法准确地预测自己在这些关键时刻会有什么感受，但你那些有毒的家庭成员极有可能利用这个机会重新挤进你的生活。他们也许会这样做：

（1）通过第三方"线人"告知

一开始，你的家人可能会通过与你亲近的人告知这个消息，如果这样不奏效，他们就会选择一个与你关系并不密切的人，目的就是让你猝不及防。你的家人会告诉这个人，说他们除了通过他没有其他办法可以联系上你，因为你已经"与他们断绝来往了"。在联系上你之前，他们用这个虚假的故事为二次虐待埋下了伏笔，想把你置于一个难堪的境地。这样一来，你就不得不向一个你本来不会与之分享这些隐私的人解释你的情况——包括你为什么不与家人联系，以及面对家庭成员的死亡你会如何抉择。你的家人想让你将自己的决定公开地展现在他们面前，接受他们的审查，然后以此羞辱你，让你看起来缺乏做人的基本品格。至于你的意见，对他们来说无关紧要，他们只想对你施加二次虐待。

越是情感匮乏的人，越喜欢戏剧性的场面。因此，你的有毒家人不会选择通过邮件、专业医疗人员或律师联系你，尽管这些途径更加合理，但是无法满足他们对权力的操纵欲。以我的家人为例，他们选了一个人向我通风报信，告知父亲即将离世的讯息，这个中间人考虑到这种信息关系重大，为了更好地鼓励我和告知我，便询问他们关于父亲病情的细节。我的家人以嘲讽的语气对他说，如果我想知道关于父亲状况的任何细节，那就联系他们。他们拿我父亲的弥留作为打破我边界的工具,强迫我与他们联系,可见对于有毒的家庭成员来说,只要能达成目的,是可以将一切道德踩在脚下的。不仅如此,他们还会尽一切努力让你看起来像个恶人。

(2)通过社交媒体或网络让你获知消息

父亲去世两周后,我通过谷歌得知了他的死讯,当时距离葬礼仅剩两天。我的家人认为,不把父亲去世的消息告诉我是合情合理的,是我自找的。如果是没有经历过这类虐待的人,是断然无法理解我的感受的。

许多人错误地认为,只要自己设立了界限,有毒家庭成员的死亡就不会对自己产生影响。旁人更会认为我们的痛苦本质上是自己造成的,因为是我们自己给关系设置了界限。

请记住:我们每个人都有权利通过设立边界来保护自己的心理健康和幸福。

在我心中,有毒家庭成员的死亡是一种特殊的痛苦。那些在健康家庭中长大的孩子知道自己一直被爱环绕,他们一生都可以重温那些温暖感动的回忆,并从中获得安慰,那是值得回味的记忆。然而,有毒家庭成员的故去留给你的,是痛苦而可怕的记忆,即使此时你已经在愈合的过程中了,也不得不忍受这种不安。

治愈永远是由内而外的。如果将治愈寄希望于他人对我们遭遇的认可,我们就是在等待永远不会到来的东西,将永远不能痊愈。

治愈是积极而向前的。当我们决心治愈自己时,当我们决定在痛苦中寻找意义时，治愈就发生了。在这个过程中，连悲伤也是一个积极的环节，只要是在追求幸福，整个过程就都是积极的。感受你所需要的感受，处理好眼前逐渐明朗的处境，以自我关怀和自我悲悯慢慢治愈你的心。

如果你得知某个与你断绝联系的人的死讯，先冷静下来，并且不要联系其他对你施加虐待的家庭成员。那个告诉我父亲即将去世的中间人，曾将父亲的联系方式给了我，但也告诉了我，我父亲最近曾提到他不想和我联系！深思熟虑后，我决定不联系父亲，而上一次我和父亲联系还是在七年前。当时父亲对我说的最后一句话，是极其可怕的辱骂和威胁，然后他主动挂断了电话，自那以后我再也没有听到过他的消息。七年前的那一天，我的直觉就告诉我这将是我们最后一次互动。很多年来，父亲一直用着这样一套模式：他会暴怒，然后多年不跟我联系，直到我迫于其他家庭成员的压力与他联络。在我和父亲生活的整个过程中，他将所有问题的责任都甩给了我，迫使我负责修复我们之间的关系、原谅他、让他感觉良好，而这一次又一次的"重归于好"，让我遭受到进一步的虐待。

练习题：给自己一点时间，设想自己也正面对以上情况，仔细想想自己会有怎样的想法与感受。你会内疚吗？你会害怕吗？如果会，原因是什么？

你没有义务原谅任何人

我父亲那漫长的癌症病程,从未激发出他主动修复我们之间关系的想法,因此,我看不出临终前的他与之前有什么不同,他曾浪费了那么多年可以用来解决我们关系的时间。此外,我不知道如果真的联系了他,我会得到什么回应,我不愿自己再回到那个可怕、反复无常且不可预测的处境中。经验告诉我,他很有可能想要伤害我,即使他碰巧表现出爱我的一面,我也只能从中感受到虚伪。作为我的父亲,他会利用我的弱点和他对我的血脉压制,在将死之际彻底推卸自己的责任。

我当然不希望他在精神痛苦中死去,可是我无法允许他或任何人将问题推到我身上。想要在离世时问心无愧,是他自己的人生课题,一生中,他曾有足够的机会实现这个目标。他是谁、他是什么样的人,这些问题不会仅仅因为他即将死去就发生改变,他患的是癌症,而不是做了脑额叶切除术。

我的父亲曾毁掉了自己一生中几乎所有的人际关系和职业机会,正因如此,我将自己视为自己的孩子那般对待,所以,我不会将自己置于一个我永远不会让自己的孩子面临的境地,我不会仅仅因为父亲快死了,就再次被他利用,或遭受情感上的虐待。

在面对有毒家庭成员的死亡时,每个人都会面临自己独有的情况,没有可以普遍适用于每个人的公式。你要做出对自己最好的选择，无论那个选择是什么。此外，你无须为此向任何人解释。

有些人或许有顾虑，觉得自己在得知对方即将死亡时仍保持界限、拒绝联系，是一种冷血无情的表现。事实上，这与冷血无情毫无关系。在听到父亲即将离世的消息时，我也感到十分揪心的痛苦，我相信无论之前关系如何，没有任何一个孩子会在听闻父母或其他家庭成员即将离世时内心毫无波澜，相反，这消息会令人心力交瘁。得知父亲即将离世时，我被淹没在无数意想不到的情绪中，有关父亲的记忆开始在我脑海中浮现。在想起他所造成的痛苦与伤害的同时，也夹杂着我们共同度过的一些罕见的、快乐的、带着希望的时刻，这让我心烦意乱。

我自小就害怕父亲，他脾气暴躁，经常发怒。所以，当我想象着他虚弱、生病的模样时，心里确实为他感到难过，但也让我充满焦虑。我甚至产生了一些莫名其妙的奇怪感受，比如我觉得等他去世后，自己就不再拥有任何隐私，死亡会让他不受任何限制地进入我的生活，这种感觉既怪诞又让人无力。我还害怕自己因为选择不联系他，而遭到别人误解，但一想到要给他打电话，我就惶恐不安。我身体里每一个细胞都在抗拒，不是因为固执，而是因为根据以往的经验，我深知他不是一个安全的人。

尽管如此，他还是我的父亲，现在我们之间已经没有希望了，不过，我们之间从来也没存在过希望。这辈子，那个本应充满爱与支持的强大父亲形象，成了我心中一个巨大的窟窿。

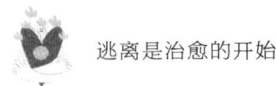

对我来说，他的死亡并不会改变这一点，只会让这个窟窿永远存在。同时，他的死亡也给我带来了平静，因为他再也无法伤害我了，这是一个契机，让我可以在他死后与他建立某种联系，某种在他生前绝无可能建立起的联系。我对父亲唯一的愿望，就是他能得到安息。

自我治愈 Tip

死亡无法改变一个人。只有一个人主动选择去改变自己时，他才会发生改变。

如何从二次虐待中复原

二次虐待之所以伤人，是因为家人造成的伤害，比其他任何关系给我们造成的伤害都深。面对虚假的情感和礼物、经济虐待或围绕疾病与死亡的操纵，没有人能够淡然处之，心无波澜，更不用提你还必须向他人解释为何这些行为属于虐待。在治愈的过程中，你也会逐渐变得睿智，无论家人表现出怎样的挑衅，你都不再想回应他们，这标志着你踏入了更健康的心理层面。同时，对于评判你的人，你也失去了自我辩解的欲望。

面对残酷现实最有效的工具，**是学习接受**。你必须接受消极的现实、想法和情绪，并将它们视为生活的一个组成部分，以及健康心理的必要条件。要做到这一点，你就必须积极地确定自己的目标和价值标准，然后全身心地去实现它们。

通过以下方法，你可以从二次虐待中恢复过来：

- 将二次虐待视为一种提醒。二次虐待提醒了你，即便你逃离了不健康的家庭，有毒的家庭成员也会继续侵犯你、欺骗你，但你已经能把施加在自己身上的虐待当成跳板，摒弃操纵、伤害或对他人（包括你的家人）无意义的报复，而去成为一个更好的人。
- 对事情有所预判，然后接受现实。在有毒的家庭氛围中，"希望"可能是致命的。为了保持身心健康，你必须接受你的家庭成员不可能改变的事实。只有这样，当你预判自己会受到虐待时，才能更好地应对。
- 泰然处之。对操纵行为最有效的反应，是没有反应。不要用消极的反应去回应一个破坏性的人的消极行为，要知道，贸然反击可能给自己造成额外的伤害。为了避免这种情况，你要训练自己保持镇静。
- 记住，关键在于沉默。你必须接受这样一个事实：你的家人会千方百计地潜伏在你生活的各个角落，好让他们的虐待行为突破你设立的边界。他们这样做，是为了给你造成冲击，破坏你努力创造的平静和平衡。当冲击来临时，保持沉默就是你的关键能力，其他任何做法都无法给你带来长期的好处。
- 不要否认情感上的痛苦，但可以去消化它。当你消化自己

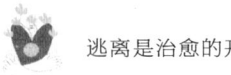

的情绪，并使之趋向于接受时，你所获得的认识与理解，便可以支持你退出这场戏剧化的表演。你要经历一场从内到外、翻天覆地的觉醒，这非常值得。要知道，你能消化掉什么，你就能克服什么。

治愈，是一个以长期稳定生活为目标、需要每天坚持的积极过程。治愈能给你带来如下影响：

- 你会在经验中学习，并因此变得睿智。
- 你会将更多的时间与精力投入自我发展。
- 你不会忽略伤害，相反，你会敏锐地感受并接受它们。
- 你允许自己对来自家人的虐待感到受伤、震惊和厌恶，由此你才能努力治愈它们。

你每一个"爱自己"的举动，都会成为有毒家人惩罚你的理由，因为这些举动让你逃离了他们，而他们妄图继续控制你。本着爱自己的精神，你要将自己从那些束缚你的家人手中解救出来，你有权成为你需要与渴望成为的人，任何人对此都无权干涉。

自我治愈 Tip

你的家人妄图将你重新卷入原有关系的旋涡，当你能够从他们的诡计中脱身时，你就已经成功了。

第15章

分离后的虐待

如果你有毒的家庭成员故意利用你们共有的熟人去制造问题,那他们就是在实施分离后的虐待,此外,他们还可能会利用其他渠道,如大型聚会或社交媒体。分离后的虐待不同于二次虐待,二次虐待可能是不知晓你处境的人无意为之的,但分离后的虐待是一种残酷的故意操纵。你的家人通过这种操纵,阻止你从之前的关系中抽身,有些人把这种试图控制他人生活的行为称为"心理/情感恐怖主义"。通过分离后的虐待,你的家人向你传递出这样一个信息:在任何情况下,你都不可以对他们说"不",如果你这么做了,那就会付出代价。

练习题:给自己一点时间回想一下,你的家人是如何利用他人、重大事件或社交媒体来侵犯你的边界的。

本章将详细介绍你的有毒家人可能采取哪些方式,去实施分离后的虐待。

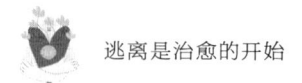

三角关系法：利用他人实施自己的卑鄙伎俩

你的家人可能不会直接突破你"拒绝联系"的边界，但他们会为了报复你而刻意引入第三方。这里的第三方，很像是《绿野仙踪》里西方坏女巫手下的飞猴军队，她会派这些飞猴亲信去嘲弄多萝西和她的伙伴们，阻止他们实现自己的愿望、梦想和目标，甚至会让飞猴直接绑架他们。在我看来，第三方就是一种"传话人"，我在下文中也会使用这个称呼，你的家人把这些传话人派到你身边，唯一目的就是无视你所设置的边界，强行将有关有毒家庭的话题塞回到你的生活中。

对于传话人而言，你的家庭成员或许具有不可思议的说服力与魅力，家人们大肆中伤你，宣称你无情地伤害了他们。因为他们表现得很真诚，传话人几乎分辨不出他们是加害者还是受害者，于是错误地认为，既然对方对你的感觉如此负面，那你肯定是烂透了。

为什么传话人会如此天真，全心全意地相信你的家人们的谎言？作家 H.G. 都铎（H. G. Tudor）对此做了最好的解释。在他的《操纵》(Manipulated) 一书中，都铎写道："有毒的人总是在操纵他人，他们每时每刻都在操纵身边的人，并且通过多年的实践磨炼出了这些技能。每天，他们都会向别人伸出自己的藤蔓，将对方卷入自己的思维方式中。这让他们得到了这样的地位：可以一而再、再而三地假手他人在他们想要的时候做出他们想做的事。"有毒家人对他们选中的传话人隐瞒了关键而真实的信息：他们对你施加了怎样的虐待、你隐忍了多久，以及在你不得已设立界限之前曾多少次为他们的虐待开脱。

你的有毒家人很清楚，他们必须挑选那些相信"人皆善良"且坚定秉持"以和为贵"价值观的人，因为这些理念都与家庭有关。通常具有下列特点的人，很容易被挑选成为"善意的传话人"：

- 试图故意让你感到内疚，或强迫你与家人重新联系。
- 拒绝接受你适当设立边界的想法。
- 尽量忽略你遭受虐待的经历，或对此提出异议。
- 把设立边界看作你拒绝原谅或态度固执的表现。
- 明知你与家人关系不和，却故意在谈话中提起他们。

这些"好心人"的理由是，任何正派的人都不可能像你描述中那般不公平地对待别人，他们相信自己可以帮你看清现实。你的家人于是利用了这位好心人想成为英雄的需求，让他们相信自己在做正确而伟大的事。并且，你的家人会用赞美、奉承等来回报传话人的"帮助"。

对于这种操纵，可行的解决办法是告诉传话人："如果你继续在我们的谈话中提到我的家庭，或者拒绝以公平公正的方式接受、承认或倾听我的真实经历，那我只能和你断绝来往，除此之外别无他法。"

有毒的家庭成员会毫无理由地试图毁掉自己孩子、兄弟姐妹或其他人的生活，这种类型的家庭确实存在。但太多的人是不理解这一点的，所以，真正的受害者往往无人相信，而且要受到传话人的进一步虐待。

以下这些，是有毒家人对你实施分离后虐待的主要途径。

1.流言蜚语

并非所有传话人都是淳朴或善意的，有时候，你的家人会故意选择同样有毒的人充当传话人，这些传话人具有以下特点：热爱八卦和戏剧性事件；喜欢置身于混乱中；对你有着同样的坏心思，而且非常乐意卷入你与家人的争端中。也许他们只是单纯不喜欢你，又或者他们想要融入你的家庭，无论是哪种情况，你都绝对不要试图去说服他们站在你的立场。无论你多么努力地解释和证明真相，或指出传话人所依据的信息存在错误，都无法化解他们身上所中的"毒"。你要做的就是退一步，让很多事自然而然地发生。

你可能会遇到曾经作为传话人的人，后来幡然醒悟，并且向你道歉，承认你是对的，说自己不应该卷入对你的伤害中，他们甚至会对你伸出援手。如果这些传话人主动向你道歉，是否原谅他们就取决于你自己了，某些情况下你们可以实现和解，某些情况下则不然，这完全取决于他们作为帮凶时给你造成伤害的严重程度。

> **自我治愈 Tip**
>
> 你有毒的家人会利用流言与谎话训练他们的"传话人",因为如果他们不编造关于你"精神不健康"和你对他们"施虐"的故事,就无法唆使人们反对你,达到他们的目的。

2.我们所爱之人

最受青睐的传话人人选,还包括你最亲近的人——你的配偶、孩子和最亲密的朋友。而这些人带来背叛感,会对你造成极大的伤害。有毒的家人掠夺成性,他们觉得自己有资格驱使你最亲近的人去实现自己的目标,这可谓击中了你的软肋。你的家人很清楚,这种行为是最能侵犯你边界的,并且能将你的所爱之人置于有毒传话人的角色中。

利用这种手法,你的家人让你感受到了来自所爱之人的背叛。他们试图扰乱和瓦解你为自己建立的支持网络,让你无依无靠,最终只能选择回到他们身边。

因此,你必须让你的支持者明白,无论在你家人口中,这种信息传递的三角关系多么美好、单纯或真诚,它的存在都是错误的,都是对你的莫大冒犯。如果你的有毒家人有机会通过你的支持人群向你传递消息,那你就无法实现与他们划分明确的界限。

> **自我治愈 Tip**
>
> 你的主要支持者们必须通过行动，即紧随你的脚步与你的有毒家人断绝联系，以此来维护你的决定。

3.节假日与重大事件

你的有毒家人会将假期和其他重大事件作为一个时间点，去促成他们希望的三角关系，从而实现分离后的虐待行为。大多数有毒家庭的幸存者在电子邮件、智能手机和社交媒体渠道上都能做到有效阻止对方入侵，如果你的家庭成员知道你的真实地址，他们就会以寄送信件、快递等第三方渠道来侵犯你的界限。实施心理虐待的家庭成员喜欢利用节日、生日、纪念日或家庭聚会等机会潜入你的生活，将自己扮演成好人。

该怎么处理寄到家里的礼物？很多人都问过我这个问题。通常情况下，答案是什么都不用做。你不用把礼物寄回去，除非你的家人无休止地使用这种虐待途径。如果是这样，你可以留张便条告诉他们，你不欢迎他们的礼物和卡片。如果他们继续寄过来，你就把这些东西退回去或者捐出去。不过，他们很可能将你退回的礼物作为你残忍对待他们的证据。

如果你选择保留礼物，也不必回送感谢卡。寄感谢卡也不会改变你家人的虐待和压榨，无论你采取什么样的行动去换取和平，你的家人都会继续虐待你、操纵你。我建议你保持沉默，并不是在怂恿你放弃话语权或牺牲个人权利，我是希望你将沉默当作自己的超能力。

自我治愈 *Tip*

只要你毫无反应,有毒的家庭成员便无计可施。

4.共同的家庭活动

断绝来往通常意味着不参与有毒家人出席的活动。如果实在无法避免,你可以制订一个计划,具体说来,你可以这样做:

- 参加活动时出现得稍微晚一点。
- 多帮忙,别停下来(如布置、做饭、打扫等),这样你就无暇注意其他事情。
- 早点离开。
- 发现任何将要产生冲突或戏剧性事件的迹象时,拿上你的东西悄悄离开。
- 远离流言八卦。
- 不要与虐待你的家庭成员或他们的传话人交谈,他们会把这种场合当作攻击你的机会。
- 让现场的人帮忙保护你。

实际上,你最好的做法是不参加这个活动,谢绝邀请你的人,因为你和家人之间的关系并不和睦,保持距离对所有人都是最好的选择。

5.社交媒体

要实施分离后的虐待，社交媒体算得上是最新，也是最易获取的手段。朱莉是我曾接待过的一名病人，她的母亲通过社交媒体，成功将她的婚礼变成了一场抹黑与诽谤的闹剧。婚礼前的每个星期，朱莉都会在我的办公室里啜泣，她无法相信事情会发展成这样。朱莉的母亲在社交媒体上威胁她的所有亲戚，说假如他们去参加朱莉的婚礼，她就把他们从她的生活中全部剔除出去。结果很不幸，答应参加婚礼的亲戚寥寥无几，大家都不想掺和到这场闹剧里。

一想到母亲在社交媒体上堂而皇之地发布谎言，无论自己的家人是不是能看得到，朱莉都觉得很丢脸。看到母亲对人们的决定有这么大的影响力，而她的家人在她生命最重要的时刻表现得又那么残忍，她无比心碎，对所有人都失去了希望和信心。

后来，朱莉的几位亲戚都因为参与了对她的虐待而感到后悔，但朱莉遭受了太多的伤害、羞辱和抛弃，亲戚们的悔恨和道歉既无法抚平她的创伤，也不能修复那些曾经亲密的关系。如果你的家人也想要通过社交媒体虐待你，最好的做法就是拉黑、删除他们，屏蔽掉那些影响你心理状态的信息。

分离后的虐待引发的自我怀疑与焦虑

分离后的虐待是一项持续的挑战，正因如此，很多幸存者会被自我怀疑和焦虑所吞噬。对我们中的许多人来说，切断与家人的联系如同患上了一场流行病，尽管逃离使我们解脱与成长，但任何关于它的谈话也都是痛苦的，都会触发我们的不良反应。而你的家人则想让你知道，他们永远不会放弃对你的控制，他们绝不会输。他们会不惜一切代价，用一切可能的手段侵入你的生活，利用分离后的虐待让你产生自我怀疑。不过，好消息是，你可以通过下面这些技巧来保护自己免受其害：

- 接受这样的现实：你不能改变你的家庭成员，但你可以改变自己对他们的反应。
- 面对潜在的争斗，你必须拥有在关键时刻转身离开的决心与能力，让你的家人和他们的"传话人"无功而返。
- 不要留恋任何带给你痛苦的人。你要建立这样的心态：如果某个人或某件事给你带来的消极影响多于积极影响，你就有理由将其摆脱。否则，你会变得非常没有安全感，你永远无法正确判断谁才是可以依靠的人。
- 不要因为那些不符合你价值观的问题与家人争吵。当你的家人确信你必须依赖某些关系、人员或财产才能生存时，他们会认为如果以此为筹码，你就会接受他们的掌控。

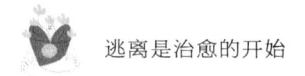

让家人高兴并不是你的义务，从来都不是。对任何人来说，这种生活方式都极度压抑与紧张。作为成年人，这种"必须让别人高兴"的念头会把你变成一个讨好型的人，你的遭遇让你以为必须改变自己真实的样子，才能获得基本需求的满足。你要明白，寻求自己快乐的喜悦，远远胜过承担起让别人快乐的责任。

有了恰当的界限与心态，你就可以明确对自己来说重要的是什么，需要保护的又是什么。

第16章

保护与无毒家庭成员的关系

也许你像许多幸存者一样，拥有一个大家庭，其中不乏对你非常重要的无毒家庭成员。你自然会很珍惜与这些亲人的关系，想要保护他们，并把他们留在身边。你可能也会对如何处理这些关系感到困惑，因为任何与家庭关联的纽带，都会再次提醒你的创伤。当你健康的家庭成员意识到这种隔阂时，如果他们出于自身原因选择与虐待者保持联系，那么你难免感到被背叛，这种感觉让你很难把自己对无毒家人的爱和有毒家庭给你带来的痛苦分割开来。

想要建立和维持与无毒家人的关系，关键要处理的是情感上的安全感。你要信任那些健康的家庭成员，只有这样，你和他们在一起时才会感到安全。然而事实证明，信任是一项挑战，尤其是在他们讲述自己遭受有毒家人的操纵时。他们相信以你的经验，能理解他们的挫折感，所以他们会愿意与你分享这些信息。但他们分享这样的信息时，会给你造成一种错觉，即他们是站在你这边的，直到你发现他们仍然以某种方式与对你施加情感虐待的家人保持联系时，你才感觉自己遭到了背叛。

那些健康的家庭成员夹在中间，让你维持与他们的关系既复杂，又很容易触发不好的回忆，而这些，既不是他们的错，也怪不得你。你不想让他们夹在你与有毒的家人中间，也不想让自己陷入一段充满怀疑的关系中。你很清楚自己的有毒家人是什么样的，他们会利用一切可以利用的人，让你充当替罪羊的角色。

替罪羊——每个逃离有毒家庭者躲不开的身份

如果你之前还没当过替罪羊，那么在你选择逃离有毒家人的那一刻，他们会立刻将你置于这样一个角色。成为替罪羊，意味着你的家人会不断对你输出负面评价，用一种片面的、脸谱化的描述向他人抹黑你，从而否认你人格的完整性。有毒的家庭会给他们的替罪羊贴上精神疾病、情绪不稳定或骗子等标签。

有毒的家人散布这些谎言，是为了让你成为替罪羊。但很多人——包括你的健康的家庭成员——是不会怀疑或研究这些故事的，更不会站在你的立场上，因为他们害怕惹恼你的家人。对于你自己而言，你知道有毒的家人们对你的诋毁毫无依据，但对他们毫无反击能力，因为你的任何反应，都会被别人当成你精神有问题的证据。

也许你一辈子都在充当替罪羊。你承担了所有责难,被贴上"坏孩子"标签,而你的家人则不断向别人吐槽你的"斑斑劣迹"。你的家人们利用你替他们背黑锅,这样他们就无须再为自己的错误承担责任。你的每个家庭成员,无论心理健康与否,只要是知道这种替罪羊模式背后的真相,却不质疑它或为你辩护的,在某种程度上都参与了对你的操纵。

你越是远离你的家人,就越能同时远离他们对你的错误描述。你所拉开的这段距离,很可能会让你看清"我是谁"这个重要命题——自你出生以来,在外界强加给你的那个形象之外,还存在着另外一层事实。

这个察觉到的新事实,也许会让你相当震惊:一直以来,你内心世界中所知道的、所感到的竟然全都是真的。他们骗了很多人,或许也一度骗了你,现在,你明白自己并非他们所说的"精神有问题"或"可怕的人"。

儿时的你或许也经历过挣扎,你想为自己争取,想要坚守自己的信念。你遭受了情感虐待和操纵,你也可能有过强烈的反应,但你的家人将你为自己而战的行为歪曲成了你的精神状况不佳,或情绪变化无常,他们通过充满怪诞色彩的描述,抹杀真实存在的问题。

当你开始了解真相,你就开始了与有毒家人以及他们的支持者撇清关系,这意味着你已经觉醒了。一旦你发现真相,就无法再将它们隐藏在你内心的角落,真相是注定要大白于天下

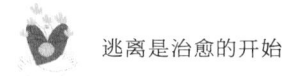

的，你没有办法忽视或忘记它。对于真相的表达，同样也是无法被压制的。

你的家庭系统如果是靠谎言、虚假叙事、控制、内疚、否认和投射来维持平衡的，那么当你说出真相时，真相的力量足以撼动这一系统。对于有毒家庭而言，真相是一种危险的力量，但对你来说，它是一股稳定的能量。在试图保护和维持与无毒家人的关系时，你可以通过规定与讨论你的底线，去阐明关于你的真相。

用"没有协商余地的界限"终结混乱

即使你的无毒家人完全理解你的情况，也可能会在一段时间内试图说服你恢复与有毒家人的联系，而你所设立的界限，正可以用来打破这种混乱的局面。为了与无毒家庭成员保持健康的关系，你们必须达成协议，禁止讨论与你的有毒家人相关的话题。你需要明确这一界限是没有商量余地的。

这个边界不仅可以保护你，也可以保护其他所有相关人等不被拉入不健康的三角关系。特别是如果你的无毒家人还与有毒的家庭成员保持着联系，那你就更需要划定一个边界，将他们迫不得已向你分享的关于有毒家人的消息隔离在外。这种消息可能对你的自尊有利，但无益于你的心灵。如果你的无毒家人分享了关于你有毒家庭的正面情报，很可能还会让你感到恼火。这不是因为你希望你的家庭受到伤害，而是因为它提醒了你,你与家庭的疏远,正是因为他们对你施加了类似的虐待。

有了界限,你便不必再向人描述你的感受、判断以及痛苦的细节。与无毒家人设定界限这件事,可能会在一段时间内让你觉得自己忽视了房间里的大象,你甚至觉得由于不能安全地讨论有关家庭的话题,导致你们的关系无法完全真实透明。不用担心,这只是一个必然的调整期,你设定的界限将有助于你建立健康关系中的新常态。刚开始调整时的不舒服属于正常现象,但只要彼此确实是有爱存在的,暂时的不舒服也很值得。想要熬过这个不舒服的时期,你要集中精力控制自己的冲动,以及冲动背后的对家人的好奇、恐惧或焦虑。

想要固守界限,还要学会调节自己的情绪,而调解情绪需要锻炼自己的耐心和自控力。一开始,你可能很难控制自己的好奇心,想弄清楚无毒家人对你或你的有毒家庭是否存在你不知道的认知,你担心有毒家人会抹黑你的形象,以至于让无毒家人也反感你。你有这种焦虑是正常的,因为你的判断很可能是正确的,在心理战中,施暴者一旦人多势众,周边的人总是会被拉拢到虐待的行列中。

正如我们前几章里讨论的那样,当你的家人被迫在你和其他家人中间选边站队时,如果你设定了界限,那就等于你不会逼迫无毒家人站在你这边,尽管你可能很想这样做。你的首要任务是控制自己,让自己不要好奇别人对你的看法,并把注意力集中在那些与你仍能有联络的关系上。当然,如果你心怀恐

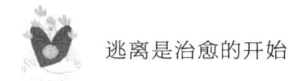

惧，这自然不是一个简单的任务，你会很自然地关心别人在你背后怎么描述你，还会希望自己能去纠正那些错误的描述。

　　保持与无毒家人之间的关系，最好的方法是让他们自己去体验你的家庭。如果他们听信了有毒家人对你的错误描述，并以此与你对质，这将是对你的底线的严重侵犯。你需要提醒他们，并禁止他们讨论与你家庭有关的任何话题，这一点没有商量的余地。比如你可以这样说："我相信你的意图是好的，我只是想提醒你，任何关于我家人的消息，无论是好是坏，对我来说都是刺激和伤害，所以我宁愿什么都不听。"

　　重新设立这些界限，肯定会引发你对冲突的恐惧，你会担心无毒家人反感你、远离你，担心自己因为加固界限而承担"不通人情"的罪名。这些恐惧之所以存在，是因为你有毒的家人抛弃了你，并且从来没有尊重过你设下的界限。尽管如此，为了让你在与无毒家人的关系中感到安全，也为了让这段关系能够持久，你必须明确自己的界限，并让它得到尊重。

自我治愈 Tip

　　大多数人或许无法理解，当自己在诽谤中承受了充满破坏性、蔑视、谴责、羞辱性的攻击时，会引发出情感上怎样的无力感。

如何与无毒家人设置边界

设立"没有协商余地的界限",是为了保留真正好的东西,隔绝那些坏的东西。界限是自我价值的直接表述,定义了你能容忍什么、不能容忍什么,并能保护你的心理与情感健康免受影响。

我治疗过一位叫泰勒的病人,他的故事是一个很好的例子。

泰勒被迫和他嗑药、酗酒、情感暴力且不负责任的母亲断绝了联系。他意识到,只要母亲继续频繁地向他抛出自己的成瘾、想要自杀、缺钱等问题,并要求他拯救自己,他就不可能保持健康,也不可能有精力去处理自己的问题。我们也谈到过边界,虽然泰勒设立了很多边界,母亲却从不遵守,所以,他不得已切断了联系。

切断联系后,他感到极大的解脱,而且,也能更好地控制自己的成瘾倾向了,他的生活大为改善。有一段时间,他也能够与一些无毒的家人保持体面且相互尊重的关系,尤其是他的外祖母。泰勒的外祖母同意两人聊天时不提及泰勒的母亲,然而,随着时间的推移,外祖母开始不尊重泰勒的界限,她告诉泰勒,他的母亲正在戒酒,并提供了一些泰勒不想得知的细节。

泰勒的妈妈成功地操纵了他的外祖母,让她给泰勒送了一

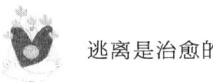

张卡片。卡片上喷着他母亲常用的香水,并写满了浮夸的虚情假意。泰勒一下子就看穿了她的操控手段,并立即重新设置了与外祖母的界限。他告诉外祖母,母亲送来的这张卡片只会让他更加确信,他的母亲仍然那么有毒。

泰勒的外祖母不喜欢这样的边界,因为这似乎阻断了她对女儿获得改善的憧憬。外祖母向泰勒表示,他的拒绝会导致母亲旧病复发,这让泰勒陷入了内疚和愤怒的旋涡。

在心理治疗中,我们开解了他的愧疚,帮他看清了真相,于是,他继续坚持他那不容谈判的原则。此后一段时间内情况还不错,然而,外祖母不久后再次越过了泰勒的边界,给他发了他母亲制作的视频。视频中,泰勒的母亲在提到戒酒问题时表达含混不清。她说,如果泰勒能给她一次机会,他的兄弟姐妹们就会纷纷效仿,这样她就能过回自己的生活了。视频里所有的信息都是关于她自己的:她想要什么,为什么泰勒是她实现目标的唯一途径。这让泰勒的情绪再次急转直下,同时他也生外祖母的气,尽管他理解外祖母心中对女儿抱有不懈的希望,不过,他还是和外祖母重新设定了没有商量余地的边界,他告诉她,所有关于他母亲的话题都不能谈,如果她不尊重这一点,他们的关系就此结束。

现在,泰勒已经很少和祖母沟通了,他不希望自己因为设定健康的界限,总是被人指责麻木不仁。

记住,在选择与无毒家人建立关系时,你完全有权利,也

应该将自己的心理健康放在第一位。

与无毒家人发生冲突，并不得不与其设定边界，这些时刻都是痛苦的。你很难理解他们为什么会忘记你的痛苦有多深，他们好像总是不明白，时间并不能抚平你的家庭创伤，真正能帮助你获得治愈的，正是设立边界。当无毒家人能做到维护并尊重你设定的界限时，你完全可以和他们建立起相互信任、充满爱的关系。

自我治愈 Tip

你有权生气。家人虐待你时毫无良知或内疚，当你寻求帮助时，会因为说出了真相而受到评判和羞辱，人们反而支持那些施虐者，你当然应该生气。

计划外的偶然情况

有时候，你会以意想不到的形式，间接地通过无毒家人听到关于有毒家庭的消息，你要对此做好心理准备。与无毒家人在一起，往往意味着他们的孩子以及亲人、朋友可能也和你同处一室，那么，他们的谈话中可能会出现有关你家庭的信息，这对你来说就是意料之外的情况。你可能会听到他们的孩子或其他亲友提起自己最近见过你的家人，这类情况往往会激起一系列痛苦和不适的情绪。首先你要知道，与你建立了界限的无毒家人并没有直接越界；此外，他们对于聚会上的谈话也不可能有完全的控制权，一旦关于有毒家人的词语偶然出现，他们很难马上进行阻止或控制。

这类情况下，最重要的还是调节你的情绪——你要以一种随机应变、灵活宽容的方式管理你的情绪状态。这些不舒服的场景，能够帮助你培养复原力，此时，你可以练习做一名优秀的倾听者；还可以练习在谈到有关你家庭的话题时，克制自己想要说些什么的冲动；或者练习接纳那些选择与他们建立关系的人。如若对方不是与你一同长大的家人，可能永远都不会知道你的家庭中存在多么严重的毒害，你没有责任保护其他人免受对方的操纵，你的任务是保护自己，并允许其他人自行感受。

练习题：想一想，什么程度的接触才是与无毒家人最佳的互动方式？下面这些模式，或许可以给你一些启示。

- **高频联系**。当你的无毒家人尊重并维护你设定的界限时，你便可以与他们保持高频联系。在这类关系中，你会感到很安全，你可以不设防地与他们度过漫长的时间。
- **低频联系**。和一些无毒家人在一起时，你可能要不断围绕有关有毒家人的话题设置边界。低频联系让你能够与他们保持联络，并且，这些关系保持得越浅，他们突破界限的可能性就越低。
- **礼节性联系**。你与这些无毒家人的接触非常有限，因为他们常常不能尊重或理解你的界限。这类人乐意夹在双方中间，也乐于两边传递八卦。你最好尽量少见这些人，如果你遇到了他们，可以在维护基本礼节的前提下，决定自己参与谈话的时间和限度。

- **不联系**。这些家庭成员也是有毒的，而且，他们已经做出了自己的判断，想要逼你回到施虐的家庭关系中。这些关系既不安全，也不尊重人，他们是有害的，不应成为你生活的一部分。

你在关系中唯一真正需要做的，是对自己的心理健康负责，而在生活中，你也必须把自己的心理健康放在第一位。记住，你是敢于逃离并打破家庭虐待循环的人，这证明你足够智慧，不愿像你的家人那样残忍地摆布他人，而你又有足够的同理心，能为打破这种恶性循环而放弃自己熟悉的模式。

你切断了自己与家人之间的联系，也建立起了严格的边界。你的旅程的下一步，就是学习依靠自己，并信任自己。

第17章

自立带来自由

现在，是时候学会做自己了。你不再混乱，不再被人操纵，不再背负不必要的愧疚。你将要拥有自立带来的自由，有了这种自由，你可以重新定义自己的生活。当你可以坚持并信奉自己的观点、信仰和感受，而不用去理会那些操纵和虐待你的家人时，你很快就能实现自我身份的认同。在你定义自己的时候，你意识到你有权力决定自己的价值和成就，而不是由他人决定。欢迎你，正式进入自立阶段！

自立之后的你，可以不必倚靠他人就实现下列目标：

- 信任真实的常识。
- 掌握日常生活技能。
- 维护自身价值。
- 拥有自己做决定的能力。
- 坚持自己的观点。

- 照顾好自己。

能靠自己的力量好好生活，是自立的标志。在你的生活中，原本应该有家人出现的位置，却成了一个窟窿，你就像在高海拔上呼吸一样，身体虽然适应了稀薄的空气，但它必须更努力地运作，你才能生存。随着你日渐自立，你会适应这种家庭缺席的生活方式。

现在，我们将通过探索一些正念技巧，来帮助你拥抱自立带给你的礼物。要成为自立的人，请练习做到以下几点：

- 自给自足。为你的思想、感受和情绪负起全部责任。在切断联系的过程中，你已经许下承诺，为了维护自己的心理健康，不会在脆弱的时候回到有毒的家庭成员身边。你选择依靠自己和其他帮助你、支持你的健康的人。
- 掌控自己的人生决定。你有权为自己的未来做出选择，无论这选择让你感到兴奋还是忐忑，权力就握在你自己手中。断绝联系使你掌握了自己生活大事小情的最终决策权，意味着你在需要说"不"的时候就可以说"不"，想要说"是"的时候就可以说"是"。
- 培养新的生活技能。自立可以让你培养出适合成熟、安全、平静生活的技能和智慧。当你需要帮助或遇到挑战时，不应该为寻求支持而感到羞耻，寻求帮助是自立的一个组成部分。

- 学会调节情绪。你与自己的感觉、思想和情绪越协调，就越不容易被它们击溃。要想自立，就要学会在情绪做出反应前先静下心来，当你能控制好自己的反应，你也就能驾驭自己的人际关系。
- 守护自己的平静。你的边界守护了你的安宁，当你情绪健康时，你可以留心那些让你感觉不对劲的事情，并决定是否需要将它们从你的生活中移除。
- 向内审视自己。衡量自己情绪激烈程度最简单的方法之一，就是问自己：我过得怎么样？我快乐吗？这种提问能让你触碰自己的内心，当你了解了自己的真实情况后，你就可以采取措施来改善自己的精神状态；如果你感觉比较良好，没有需要改善的地方，你也可以让自己进一步放松下来。
- 别再拿自己和别人比较。良好的感受发自内心，因此，你可以向内寻求自己的认可和肯定。一个很有效的方法就是，你可以列出自己身上出众的品质，在情绪低落的日子里，这张清单可以帮你把精神状态拉回这样的现实——看，你是一个了不起的人。
- 相信自己的直觉。你可能有很好的直觉力，可以准确地解读人际关系中的情绪气氛。这是一笔不可思议的财富，让你可以更充分地依靠自己。要学会相信自己，如果你感觉某人有毒，你很可能是对的。

> **自我治愈 Tip**
>
> 内心平和安静，生活幸福美好，是对你有毒家庭成员最有力的回击。

拥抱意想不到的治愈时刻

你越是呵护自己的心灵、思想和身体，就会越自信，也就越会吸引来更多的爱。如果你爱自己，不管你有毒的家人是否爱过你，你都会想方设法按照自己认为合适的方式生活。

自立意味着你相信自己是可以依靠的人，保持住这种心态，能帮助你应对一切困难。当你的深层创伤总是处于活跃状态时，生活中的种种意料之外就会很容易刺激到你，触发你做出反应。从这个角度看，深层创伤反而成了礼物，你越是对治愈敞开心扉，就越能更好地应对生活中的各种事件。

在逃离有毒家庭后，一些意料之外的时刻会让你的痛苦浮出水面，让你的创伤重新被揭开。但是，这些时刻也强化了你自立的能力。

在洛杉矶的格莱美博物馆观看 X 大使乐队（the X Ambassadors）的表演时，我就经历了这样的时刻。他们演唱的曲目中有一首名为《摇摇欲坠》（Unsteady），当主唱介绍这首歌时，他说这首歌有关爱与奉献，因为乐队的每个成员都会无条件地为彼此奉献，如家人一般。这让我突然联想到，有毒的家庭成员之间是不存在爱的奉献的。在我听来，歌词描述了一个孩子恳求他有毒的家人恢复正常，出现在他身边，抱紧他，让他能够感到安稳。

在那个时刻，"摇摇欲坠"这个词像闪电一样划过我的脑海，聚焦在了我的伤疤上。不管我的世界看起来多么稳定，也不管我努力将它建造得多么稳定，总会有一些时刻让我感到摇摇欲坠。对大多数人来说，能从四面八方支撑自己、保护自己并永远站在自己身后的力量，就是自己的家庭。对我而言，在很长的时间里，我的人生从来没有一天不感到紧张，这是一种永远等待跌入谷底的感觉，而我确实也跌入过谷底，这就是复杂性创伤后应激障碍。在这首歌的结尾，我听到了对一种"永不放手的爱"的恳求，这也是对另一种现实的写照（你我所经历的现实）。我们的家庭从来不曾用一种能让我们感到安全的方式"爱"过我们。

在听这首歌的过程中，我的身体涌起一种不舒服的温热感，每当我的弱点浮出水面时，我都会产生这种感觉。我顿时紧张起来，试图阻止即将到来的情绪，毕竟我正处于公共场所，可我的眼泪还是流了下来。我通常并不怎么为自己哭泣，我把这归因于自己从来没有被谁爱到值得我哭泣的程度，但让我惊讶的是，那一天，坐在我旁边的一位可爱的女士，她作为一个完完全全的陌生人，却感觉到了我的情绪。她用手扶着我的肩膀，直到这首歌唱完，而我通过触摸她的手，表达了自己对她善意的感谢。那一刻，我们不再是陌生人，而是两个被共同经历联系在一起的人，我很庆幸她在那里。

练习题：给自己一点时间，想想那些能够触动你伤口的歌曲、电影或其他艺术形式和活动。它们是什么？又是怎样对你产生作用的？

避免受害者心态

要想自立自强，就不要使自己成为受害者。当然，这并不代表你没有遭受过可怕的伤害，但"受害者"与"受过伤害"还是不同的。前者是现在时，代表着永久性的受伤状态，如果用一种昆虫形容，受害者就是毛毛虫；而后者则是过去时，代表着可转化的状态，更像是破茧而出的蝴蝶，一切已然新生。也许就在昨天，你刚刚遭遇了伤害，但与此刻相比，那已经是过去的事了，你正从自己受到的伤害中汲取着每一丝的信息，并将这些运用于自己的生活中。

施害者会造成无法逃避的残酷现实，如果你只停留在"受害者"的蛹里，就无法在生活中获得牵引力。请记住，怨恨是不会改变你的痛苦的，现在不能，以后更不可能。

对于你所处的环境，我能肯定的是：你的抱怨、恐惧、憎恶与回避，都不会使其改变，你的种种负面情绪既算不上是一种反击，也无法抚平你的创伤。正因如此，从今以后你每当遭遇家庭成员的打击、刺痛与伤害时，都必须继续前进。你必须

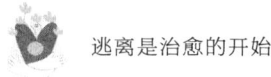

检查并了解这些袭击对自己的影响,并吸取经验教训,你必须通过这些经历提升自立自强的能力。

我们的复仇与救赎

随着内心因家庭引发的挫败、痛苦和厌恶感不断减弱,你会发现自己比以往任何时候都更具活力。此时,你可能已经发现,"报复"对自己的家人不起作用,因为冲突本身就是他们的主场,倘若要决一胜负,赢的肯定是他们。同时,你也不要因为萌生报复的念头而自责,在幻想中向深深伤害过自己的家人们实施报复,这一想法不仅合理,甚至很健康。事实上,我建议你把这个梦做完!

我可以告诉你,报复家人的梦——想象家人感受着如他们施加在我们身上的痛苦——这对我们很有帮助,我自己就在其中找到了心理平衡。然而,我们要避免一个错误,那就是想象家人真的感受到了他们给我们带来的痛苦,并且理解了它,然后为他们的所作所为感到悔恨,其中很多情节在现实生活中不可能发生。

尽管如此,这些梦依然是治愈的,会给你带来某种解脱感,同时让你意识到,如果你真的想在生活中前进,那报复并不是一个可行的解决方案。报复是向后看而不是向前看,如果你靠报复寻求治愈,就等于把治愈的希望寄托在了外部事物上。只有当你相信可以依靠自己时,治愈的方向才会是向前的，而非你的身后。

与其一心寻求报复，将内心的满足感依托于从家人那里得到某种反应，不如把关注的焦点集中在发现和创造自己所渴望的幸福上。当你专注于自己的幸福，并向前迈进时，你将开始关注如何依靠自己到达想去的地方。

与复仇相比，救赎是被压迫者的崛起，是受欺压的人打破家庭设置的重重障碍获得的巨大成就。你最强大的救赎，不是向谁施展报复，而是切断与有毒家人的联系，由此，他们无法继续操纵、破坏和控制你的生活。

救赎是关于你的内在改变，而不是关于你家人的外在改变。救赎让你从个人成长中感受到满足感，并帮你驱散有毒家庭系统制造出的迷雾。以我自己为例子，自从我和家人分开，我的生活质量急速直上，分离让我获得了所需的能力。而当我痊愈时，我的生活也在痊愈，生活中出现的每一个新的迹象或机会，都给了我一种救赎感——我知道自己的痛苦被看到了，心声能被人听到并理解。

你也可以获得同样的感受，甚至，你会感觉到自己发出的声音可以形成某种影响，就像现在我正以我的文字为载体，为他人的生活提供帮助、增添价值。很幸运，我有机会把这些话写在书中，与渴望获得治愈的心灵分享我的故事、经验和我的专业知识。我在原生家庭中可能无足轻重，但对于这个世界可以很重要，而你也一样。最大的救赎，就是全神贯注，专注于你自己，专注于你想实现的目标和你选择创造的生活。

为自己赋权

掌控自己的生活,是一种对自己的赋权。当有毒家庭不再继续侵蚀你时,你就可以卸下负担,拥有感受快乐与平静所需的精神空间。你现在就可实现这一目标,而无须等待谁、取悦谁或者担忧谁,也不必再因羞耻、内疚或义务而做自己不想做的事。你已经用逃离有毒家庭的方式证明了自己的强大,再没有什么能比这更强悍、更具挑战性的了,你的能力远超你的想象。至此,你已经完成了旅程中最艰难的部分,这非常值得欣慰。

与所有切断了有毒家庭关系的人一样,你身上必然有着如下值得骄傲的闪光点:

- 有足够的勇气面对真相。
- 有足够的勇气说出真相。
- 愿意克服情感上的困难去寻找自我。
- 高度敏感,能够察觉他人的需求。
- 相信自己能跟随感觉到达一个更健康的状态。
- 向往平静安宁的生活,不喜欢故意制造麻烦。
- 相信自己的直觉。
- 能看穿谎言和粉饰,还能看出别人行事上的言而无信和有始无终。

- 不再是一个讨好者。
- 设立了健康的边界。
- 极具同理心。
- 渴望帮助别人。
- 十分勇敢。
- 可以依靠自己。

出于自我安全和感受的考虑而尽量让自己感觉良好，这并不是自私的表现，也并非傲慢任性。你必须拥有勇气，并且使勇气成为你性格中不可或缺的一部分，甚至于人们在还不知道你的故事的时候，就已经能感受到你的勇气了。当你忠于真实的自己时，当你能够欣然接受自己不受家人喜爱的现实并坚持真实的自我时，任何人都会被你的勇气打动。

"在治愈"和"被治愈"的差别

"在治愈"和"被治愈"之间有着很大差别，在你学习通过健康的方式获得完全自立时，必须要接受这样一个重要的事实：你的余生都将处于治愈的过程中。在切断与家庭的联系后，期待完全"被治愈"并不现实，这并不是宣告你注定失败，相反，它让你变得更加深刻丰富。就拿我来说，治愈的过程虽然痛苦，但却是我生命中最有趣、最能激发出动力，也是最鼓舞人心的部分。我的生活由此围绕着"我是谁""我如何

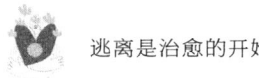

成了现在的自己，又该怎样帮别人走上同样的治愈之路"这些问题展开。我把"治愈"视为一个动词，这也就意味着，我会永远处于行动状态中。

练习题：给自己一点时间，想一想你能否将自己的治愈转变为对救赎的激情。

在治愈之旅中，很多人都会关心这样一个问题：**何时情况才算好转？**你甚至可能不止一次地怀疑过：我的情况到底有没有好转？那些与家庭有关的情绪触发点是否会一直存在？

我的答案是：是的，你此刻就正在好转，同时，触发点会一直存在。我建议你不要纠结于自己到底哪天才能被完全治愈，失去家人是一件沉重的事，你必须背负伤疤，但这不意味着你没有向前迈进，没有做自己该做的事，你只是带着这些问题前行罢了。你肯定也希望能彻底清除掉这些经历，就好比它们没有发生过一样，但这并不现实。

治愈来自理解，而理解来自感受和检视，这个过程永远都不会变。我可以保证的是，你越能够治愈自己、教育自己、了解并审视自己的内心，你就越能熟练地管理自己的情感，尤其是处理自己的痛苦和失望。你获取的越多，与自己和他人的联系也会越紧密，随着你的治愈，在你从有毒家庭环境逃离出来的过程中，会对"我是谁"的答案更加期待。

对于大多数人而言，家庭是托举自己并给予支持的平台，而我们这些逃离了家庭的人，只能走与大多数人不同的道路，但这并不意味着我们不能像其他人那样身心健康，我们甚至可以比他们更健康、状态更好。前提就在于，你已经找到了支撑自己的方法。

当你治愈自己，你的行为会在你的脚下搭建起一个坚实的平台，帮助你处理最基本的焦虑。自此，你人生的基础就来源于你对治愈的决心，而非抚养你长大的家庭，要知道，你的决心远比你的原生家庭稳定得多。把精力投入个人成长中，会让你的思维从试图适应疯狂的家庭，转为注重自己的稳定成长。治愈的过程也会时盛时衰，可以保证的是，你越多地治愈自己，就越会远离自我怀疑和有毒的羞耻感，越能真切地信任和依靠自己。

自我治愈 Tip

拒绝感受痛苦不会带来解脱，积极地治愈才能了结伤痛。而痊愈了的痛苦，会成就你智慧的模样。

最终的自由

作为一名幸存者，你已经足够坚强了。你不仅没有被你有毒的家人击垮，而且在不知不觉中，锻炼出了自己的韧性和管理痛苦情绪的能力，你因此变得足够强大，并摆脱了他们带来的负面影响，终获自由。在过去的很长时间里，你的家人犯了一个严重的错误，他们误以为你的敏感和对他们的善意是可供

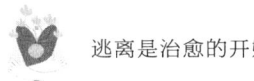

操控的弱点，他们天真地以为你永远不会在他们的统治与支配之外寻求答案，直至有一天你挣脱了束缚。恭喜你！你做到了！这是一项了不起的成就，事实上，你反败为胜了。

当我在 Instagram（照片墙）发布我第一本书的广告后，一位用户留言道："哇！我一定要读读这本书。谢谢你这么有勇气，能写下这本书和所有人分享，因为我们中很多人都有这样的经历，但又害怕逃离造成的后果和反应。现在，我简直迫不及待地想看了。"还有用户留言说："原来我不是唯一在努力打破这种恶性循环的人，能知道这一点让我感到很欣慰。我需要看看这本书。"希望马上就要阅读完这本书的你，也能明白这一点——你并不是孤身一人。

为了帮助更多人，我把我的研究成果与私人经历公之于众。而对于我的原生家庭来说，写书只会加深他们对我的愤怒和怨恨，但这又怎样，我写书是为了让需要帮助的人受益，并获得自由。当你也逃离了充满控制欲的家庭，你会发现自己的包容力和直觉力将帮助你大展拳脚，并带来真正美好的事物。我曾拥有过的生活造就了我，现在，我正在为他人的生活带去改变。

与有毒家庭断绝联系，这已然成为一种趋势，而我的作用，就是在大势所趋中发出一些声音，让深陷有毒家庭的人们知道，这个世界上有人在聆听他们，有人能明白他们，而且，愿意帮助他们找到另外的路。你当然有权利为自己所经历的一切感到痛苦，想想看，如果你来自一个与现在不同的家庭背景，你可能也不会拥有如今的深度、认知和洞察力。抓住这些才能吧，尽管它们来源于痛苦的经历，但你也可以充分利用它们的价值。当然，你不需要把你的成功归功于家庭成员的虐待，你能突破艰难险阻，并且取得了耀眼的成就，全都归功于你自己。

这是你的功劳，我谨代表自己向你表示无尽的钦佩。

自我治愈 Tip

相信自己，并成为愿意与之共度一生的那种人。

致 谢

我要感谢我在新先驱出版公司的出色团队,感谢他们对这本书的信心。我感激能找到一家勇敢的出版商,将这种流行病一般的现象从黑暗中带到阳光下进行剖析与治愈,并鼓励人们让家庭虐待"到我为止"。

我想特别感谢詹妮弗·霍尔德(Jennifer Holder)和伊丽莎白·霍利斯·汉森(Elizabeth Hollis Hansen),有了你们的帮助,这本书才得以呈现出它最好的样子。我很享受写作与编辑的过程,也很喜欢与你们交流,你们让我感受到了一种真实的联系,我们三人一起为所有阅读本书的人提供了一份非常棒的指南。感谢你们投入的时间、精力和种种诚挚奉献。

我要"感谢"自己不健全的家庭,若是没有过那样的生活,我就不会是今天的我,不会成为镜子里那个让我真心去爱的人。"感谢"你们对我爱的缺失,迫使了我学会爱自己。

我要对我的朋友和我所爱的人们说:感谢你们一直支持我,与我同甘共苦。谢谢你们给我的耐心以及空间,让我可以在其中释放悲伤,获得成长。是你们对我的爱让我振作起来,也提醒了我，自己是值得喜爱的。这些提醒对我来说至关重要，与你们的联系治愈了我的灵魂。

  我最衷心感谢的是我的女儿。任何语言都无法表达我对你的爱，以及你对我生命的巨大激励。你让我打破了恶性循环，让我的经历永远不会在你身上重演。我的宝贝女儿，爱是我们之间唯一的语言，我将继续去爱、去珍惜你在我的生命中的每一秒。